区块链技术视域下的供应链相关问题研究

张晓莉　武　文　◎著

中国商业出版社

图书在版编目（CIP）数据

区块链技术视域下的供应链相关问题研究 / 张晓莉，武文著 .-- 北京：中国商业出版社，2023.7
ISBN 978-7-5208-2544-3

Ⅰ. ①区… Ⅱ. ①张… ②武… Ⅲ. ①供应链管理 Ⅳ. ① F252.1

中国国家版本馆 CIP 数据核字（2023）第 130508 号

责任编辑：滕 耘

中国商业出版社出版发行
（www.zgsycb.com 100053 北京广安门内报国寺 1 号）
总编室：010-63180647 编辑室：010-83118925
发行部：010-83120835/8286
新华书店经销
济南圣德宝印业有限公司印刷
*
710 毫米 ×1000 毫米 16 开 12.5 印张 203 千字
2023 年 7 月第 1 版 2023 年 7 月第 1 次印刷

定价：60.00 元

****

前言

随着市场竞争逐渐发展为基于供应链的竞争，供应链的管理能力成为企业竞争优势的关键来源。供应链以客户需求为导向，以提高质量和效率为目标，以整合资源为手段，实现产品设计、采购、生产、销售、服务等全过程的高效协同。供应链管理涉及对多个环节、众多参与主体的资源、能力的协同与整合，并且随着企业所处的生态系统日益复杂，有效的供应链管理面临着诸如信息不对称、数据真实性难以验证、缺乏快速有效的信任机制等诸多难点和痛点。

区块链技术作为一项对分布式数据存储、点对点传输、共识机制、加密算法等多种计算机技术的集成应用，具有帮助实现供应链端到端信息共享和透明化，增强供应链上下游合作伙伴之间的信任，提高运营效率等方面的价值。在此背景下，许多行业，如食品、药品、供应链金融等对区块链技术如何赋能传统的供应链管理进行了实践探索。

2021 年 3 月，第十三届全国人民代表大会第四次会议批准的《中华人民共和国国民经济和社会发展第十四个五年规划和 2035 年远景目标纲要》中也将区块链列为新兴数字经济重点产业，强调推动区块链技术创新，并以联盟链为重点发展区块链服务平台以及多领域的应用方案。数字技术与实体经济的深度融合是传统产业转型升级的重要引擎之一。如何利用区块链技术促进企业转型以及供应链升级成为重要的议题。但是，基于目前业界对区块链技术的应用实践可以看到，当前区块链技术在供应链管理中的应用还处于早期阶段，各种应用方案也还在试错当中。

本书以区块链思维为指导，以区块链技术为基础，以供应链管理与运行为主线，对区块链技术视域下的供应链的相关问题，如供应链采购管理、供应链物流管理、供应链协同管理等问题进行了深入的分析，在此基础深刻阐述了供应链管理的相关内容，并在本书的最后探究了区块链技术在不同行业的供应链中的相关应用。

笔者在撰写本书的过程中查阅了大量相关的资料，在借鉴并引用了众多相关领域的研究成果的基础上提出了自己的思考，希望本书能够为读者带来新的启发和收获。由于笔者水平有限、时间仓促，书中若有错谬、不足之处，还请各位读者不吝指正。

张晓莉　武文

2023 年 3 月

目　录

第一章
绪　论

随着现代工业生产过程的不断优化，产品生产与销售中的各个环节趋向分散，整个生产链不再取决于少数企业，而更多的是形成一种产品供应链的形式。传统供应链在管理过程中存在数据不透明、信任建立难、溯源防伪差等问题，而将具有去中心化、数据不可篡改等特点的区块链引入供应链中，能够有效地解决这些问题。

第一节　供应链概述及其痛点问题

一、供应链的概念

在现代供应链理论中，供应链是围绕企业，从原材料或配套零件开始，制成中间产品以及最终产品，最后由销售网络将产品送至用户手中，将供应商、物流服务提供商、制造商、分销商直至最终用户连成一个整体的功能网链结构，包含了商流、物流、信息流、资金流四个流程。商流是指买卖流通过程，即接受订货、签订合同等商业流程；物流是指产品从制造到销售再到用户手中的流动过程；信息流是指供应链交易过程中信息的流通；资金流是供应链交易过程中货币的流动。供应链运作示意如图 1–1 所示。供应链管理就是针对供应链上各参与方的合作所进行的管理，强调供应链中各参与方的信息共享，同时保证信息传递的效率和信息的可信度，从而推动业务高效发展，是供应链中所有利益共同者为了提高供应链的整体竞争力而进行的彼此协作和相互努力的结果。

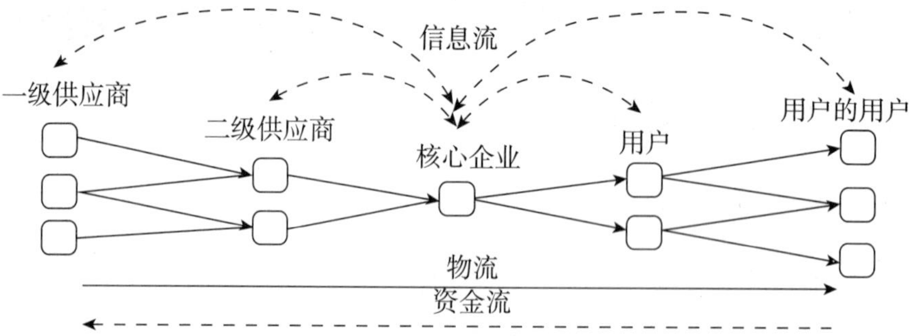

图 1-1 供应链运作示意图

二、供应链的特点

（一）交叉性

供应链上的企业一般具有多重身份，也就是说不同的供应链之间存在主体交叉现象。例如，某家企业在这条供应链上属于供应商的角色，而在另一条供应链上则属于客户角色。这种企业跨接不同的供应链，承担不同的角色和职责，在一定程度上增加了供应链协同管理的难度。

（二）复杂性

有的供应链上分布了成百上千家企业，种类繁多，有些甚至跨地区、跨国家。在习俗、法律、政策等方面的差异，使得供应链的结构十分复杂，例如，某些跨国企业的供应链由多个不同类型的上下游企业甚至跨国企业构成，因此，在保证供应链高效、高质量、顺利运行的同时还要考虑满足不同地域的法律法规，相当复杂。

（三）动态性

供应链上企业之间的合作关系并不是一成不变的，而是处于动态变化中，具体情况会随着各自企业的发展战略或者市场调整而变化。供应链上下游的关系既相互制约又相互联动，供应链上一个节点的变化，会使得其他节点也发生变化，并且会呈现“牛鞭效应”，供应链整体也会呈现明显的动态性。

三、供应链的发展历程

从早期传统供应链，到当前互联网时代的网状供应链，供应链发生了翻天覆地的变化。早期传统供应链主要专注于商品传递，更加注重端到端的物流过程。之后，供应链就逐渐演变成了以用户需求为导向的端到端增值链。进入互联网时代后，无论是供应链网络的规模还是复杂度，较以往都有了更为彻底的变化。

（一）早期传统供应链

早期传统供应链主要是将采购的原材料生产加工成零部件后组装成产品，进而作为商品销售给客户的过程。此时，供应链在企业内部主要负责物流过程，涉及原材料采购、库存、生产和销售部门的职能安排与协调，最终目标是在提高经营效率的基础上优化企业内部的业务流程，降低物流成本。

（二）线性增值供应链

进入 20 世纪 90 年代，供应链在整个商业环境中的地位发生了改变。随着市场需求环境的不断变化，最终用户的需求被纳入供应链的范围中，越来越多的企业以用户需求为导向，拉动整个供应链的进程。这个时期的供应链不再只是传统承担传递物资作用的生产链路，而是一条涵盖整个产品流通过程的端到端传递的线性增值供应链。

（三）网状供应链

随着互联网技术的发展，企业之间的关系呈现出了日益明显的网络化趋势。人们对供应链的认识也正从线性的单链结构转向非线性的网状结构，供应链的概念更加注重围绕核心企业的网链关系，并以企业为核心逐渐向前扩张到供应商的上游，向后延展到客户的客户。此时的供应链不仅是一条销售链条，而且是一种新型的管理模式、思维模式和运营模式，跨越了企业间的界限助力整个产业链的进化。

（四）数字化供应链

更加快速、高效是传统网状供应链向数字化方向发展过程中遇到的瓶颈，而提高效率是企业不变的诉求，因此，随着各项新兴技术的发展，越来越多的企业亟待向数字化供应链转型。随着移动互联网、区块链、人工智能、物联网、云计算、5G 等技术的出现，供应链不再是囿于实物的价值链，而是运转效率提升了的数字化价值链。高度信息集成的数字化信息系统，将会使得信息流转不再需要完全借助人工完成，这个新趋势将驱动用户、产品、企业商业网络组成的整个生态系统进化。

四、当前供应链存在的痛点问题

供应链由于涉及原材料供应商、生产商、分销商、零售商以及消费者等众多主体，不同主体之间必然存在大量的交互和协作，而整个供应链运行过程中产生的各类信息被离散地保存在各个环节的系统内，信息流缺乏透明度。同时，一条完整、稳定的供应链需要企业之间长时间的信任积累才能逐渐成形，这消耗了大量的时间成本，且使得各个企业都承担较大的风险。① 当前供应链主要痛点问题如下。

（一）核心企业对供应链的管理能力弱

在传统供应链中核心企业是整个供应链的主角，但是其对供应链的管理能力有限，当其将管理范围向上下游扩展的时候，将导致管理效率大幅下降。这是因为随着产业分工的逐级细化，供应商的数量呈指数级增长，超出了核心企业的有效管理范围。以微软 Surface 产品的供应链为例，其一级供应商在 5 个以内，二级供应商超过了 20 个，三级供应商更是多达数千个。目前，上下游企业间的

① 焦芳敏 . 供应链风险管理体系探究 [D]. 泉州：华侨大学，2006.

协作仍多由人工操作，通过电话、邮件、传真等低效率、无记录的手段来达成供应链的协同管理，不仅使得核心企业对供应链的管理能力弱，也导致企业间协作的时间成本高昂。

（二）信息化程度不高，缺少信息共享

供应链涉及主体多且类型多样，导致整个供应链运行过程中产生的信息种类多样、数量庞大，且企业间相互独立，应用的数据管理系统不尽相同，采购、生产、物流、销售等环节的信息完全割裂，缺乏统一的平台存储、处理、共享和分析这些信息，限制了对这些信息潜在价值的挖掘。另一个限制这些信息发挥潜在价值的问题是：在供应链众多企业中，存在不少企业出于对商业数据隐私和安全性的顾虑，不愿意将企业自身的数据与上下游其他企业共享，阻碍了系统的互联互通。

（三）缺乏统一信息交互标准

技术实力强的企业往往自建供应链管理系统，各家搭建的标准和字段规范各不相同，导致企业间的信息共享缺乏统一的标准。针对每家协作企业，都需要制订特定的信息交互方案，因此多家供应链企业间信息交互与共享的成本高昂。

（四）防伪溯源问题

现代供应链涉及商品生产到分销的各个环节，从原材料到送达消费者的成品，供应链的范围极为广泛。但消费者缺乏一种可靠的方式来验证商品的真伪，导致假冒伪劣产品泛滥。假冒伪劣产品损害了生产者和消费者的利益：一方面，假冒伪劣产品不仅伤害了品牌形象，也使企业的投入与产出不符，很多大牌厂商每年投入了大量的防伪溯源的成本，虽有些许作用，但收效甚微；另一方面，消费者付出了与商品价值不相符的代价，承担了经济损失，医药、食品等民生产品的假货还会影响消费者健康。市场上现有的防伪溯源平台，或是由于公信力不够，或是普及度不够，防伪效果不甚理想。

第二节 影响供应链协同管理的因素

在日益激烈的市场竞争要求下，企业的运作必须面对越来越庞大的供应链系统。整个供应链系统能否产生最大绩效，为各个成员带来最大的效益，直接依赖于其是否可以协同有效地运作。但当今企业实践中，协同管理的实现往往受到一些因素的影响，要想找到好的方法指导企业实践，首先应该充分分析影响协同管理的各方面因素。

从影响供应链协同管理因素的来源看，主要可以分为个体企业内部影响因素、供应链内部影响因素、供应链外部影响因素，如图 1–2 所示。个体企业内部影响因素是指供应链上某个企业在参与链上企业之间合作时，由于企业内部运作上或者文化上的个性化特点，给整个供应链协同管理带来困难的各种阻力。供应链内部影响因素是指供应链上的成员之间进行合作时，在合作方式、信息传递、合作目标等方面透露出的不利于整个供应链协同管理的因素。而供应链外部影响因素主要来源于供应链系统运作过程中出现的人为无法预测的不确定性事件。

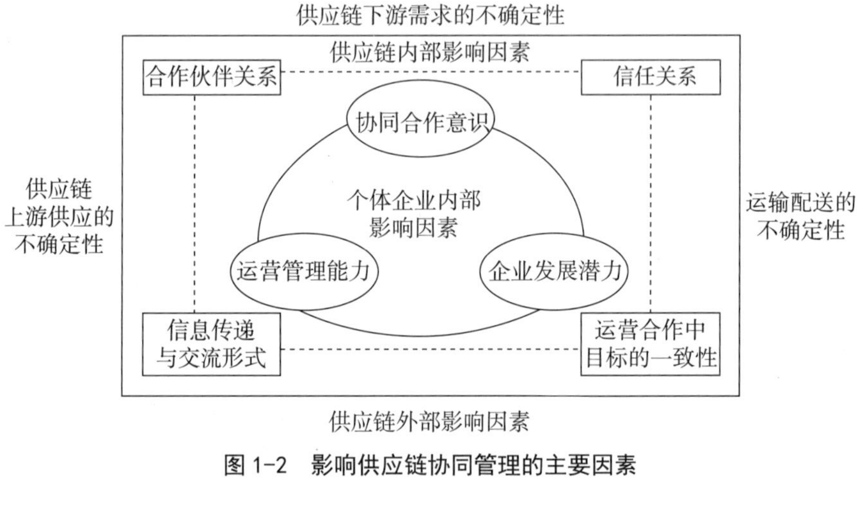

图 1–2 影响供应链协同管理的主要因素

一、个体企业内部影响因素

个体企业内部影响因素主要包括协同合作意识、运营管理能力、企业发展潜力等三个方面。

（一）协同合作意识

供应链上个体企业的协同合作意识是整个供应链协同管理成功开展的前提。在当今市场环境下，消费者买到的每个产品背后都可能有一个复杂的供应链系统支撑着。企业都自觉或不自觉地加入了某个供应链系统中，参与到某个产品涉及的供应链运作中。每个个体成员最终受益的多少已经不能够完全由自身的表现决定，而是由整个供应链的绩效水平决定。整个供应链创造的价值越多，则各个企业分得的收益也越多；而供应链的效益低，则会影响到各个企业的利益。但是目前，并不是所有的企业都明白这个道理，以至于企业之间只形成了供应链的架构，而缺乏推动整个供应链协同运作的动力。因此，个体企业是否具有协同合作的意识，是决定供应链协同管理能否开展的先决条件。

（二）运营管理能力

供应链上个体企业的运营管理能力直接决定了整个供应链协同管理实施情况的好坏。企业的运营管理能力主要体现在产品研发、需求预测、采购与生产管理、储存与配送管理等方面。当然，根据不同企业的不同分工，有些企业可能只涉及其中的部分内容或某些环节。无论企业涉及其中的哪些环节，只要其中一个环节的能力不足，都会影响到整个供应链协同管理最终的效果。

例如，产品研发能力的强弱直接决定了供应链协同管理产出价值的高低，没有好的产品，再优秀的供应链协调能力也体现不出其价值。而相反，如果研发出了好的产品，那么就会让供应链的协调管理体现出更大的价值，进而更好地推动协调管理的实施。特别是在研发产品的过程中，如果能够充分考虑供应链上各成员企业运作的特点，并最终开发出适合该供应链系统生产的产品时，则整个供应链的协调管理会开展得更加顺畅。

需求预测是供应链系统日常运作的开始，预测结果直接决定了供应链管理的方向，预测结果的好坏决定了供应链系统运作的目标是否正确、是否合理。只有在合理的目标下，供应链的协调管理才有可能正常开展，否则不管各个成员企业在后续的运作过程中如何完美地协同合作，都不会实现最优的结果。另外，在多数情况下，供应链上的需求信息是从下游逐一传递到上游的，一旦某个成员企业的需求预测出现偏差，会直接影响到后面所有企业运作的合理性。因此，供应链上每个成员企业需求预测能力的强弱，是决定供应链协同管理能否有一个好的开端的关键因素。

供应链上各个成员企业的采购与生产管理能力、仓储与配送能力的强弱同样决定了供应链的协同管理能否稳定、正常地运转。协同管理的展开，一定要保证最终的消费者能够持续、稳定地得到充足的产品供应，断货的频繁发生以及过长的产品采购和生产周期都无法保证供应链管理的稳定进行。供应链上某个环节出现断货、采购或者生产等周期的延长，都会造成协同管理的中断，影响整个供应链系统的正常运转。如果各个成员企业都能够保证采购和生产的正常运转，那么整个供应链系统就能够保持一致的步伐，协同稳定地运作。

仓储和配送是保证各个成员企业的采购与生产能够顺利开展的关键，仓储在一定程度上对供应链上的原材料或者产品的备货提供缓冲作用，而配送则是为供应链上的产品能够顺利流向消费者提供服务。供应链上的产品从最初生产到最终卖给消费者，一定会在整个供应链上经历仓储和配送过程，因此只有每个成员企业都合理地规划好仓储与配送工作，才能够保证供应链协同管理的正常开展。

（三）企业发展潜力

企业发展潜力决定了供应链协同管理的可持续发展。当今市场行情的变化非常快，消费者的需求也瞬息万变，再加上越来越激烈的市场竞争都要求各个企业以及所属的整个供应链能够不断发展壮大。而在供应链发展壮大的进程中，一旦某个企业的发展潜力不足，没有跟上发展的节奏，则会拖慢整个供应链发展的速度，这种发展速度不一致的现象就会造成原本协同的管理变得混乱。因此，供应链上的各个成员企业一定要有共同发展壮大的意识，不断提升自己各方面的能力，与供应链上其他成员企业保持同步的发展速度，这样才能保证整个供应链可以不断地发展壮大，使得协同的供应链管理模式能够持续进行。

二、供应链内部影响因素

供应链内部影响因素主要包括供应链各成员之间的合作伙伴关系、信任关系、信息传递与交流形式，以及运营合作中目标的一致性。下面分别讨论这四个方面如何影响供应链协同管理的实施。

（一）合作伙伴关系

供应链各成员之间的合作伙伴关系直接决定了供应链协同管理开展的全面程度与深度。买卖双方合作关系的建立绝不是简单地考虑各自的价格水平，也不是制造商出于自身发展的需要，寻找某个供应商进行合作，以提高服务水平、技术创新以及产品的设计。而是买卖双方可以通过减少合作的总体成本，减少整条供应链上的库存水平，增加信息共享水平，最终提高整体的运作效益，创造更多的利润。[①]

因此，真正的合作伙伴关系的建立就是为了实现供应链管理的协同，让各方都受益。而同时，供应链协同管理能否有效地开展，也极大程度上依赖于成员间建立的合作伙伴关系处于何种程度。

（二）信任关系

信任机制是供应链上各成员间合作必须具备的基本要素。信任可以减少企业之间为了各自的利益相互利用的倾向，并能有效拉近买卖双方的合作伙伴关系。由此可见，信任机制是决定成员间合作伙伴关系能否建立以及建立以后程度能否不断加深的重要因素，成员间的信任关系可谓供应链协同管理能够顺利开展的前提。

有了一定的信任机制，供应链上的各成员才会更为紧密地合作，遇到问题进行更好的沟通、更好的协商，并实现共同处理。同时，信任又为成员间信息共享水平、信息共享质量以及信息传递的准确性提供了保证。供应链成员间的信息共享水平、信息共享质量和信息传递的准确性都明显受到各成员之间信任程度的

① 张奕辉 . 供应链协同管理视角下西部陆海新通道路径选择 [J]. 广西社会科学，2021（7）：66–72.

正向影响。成员间的信任关系是实现供应链成员间信息高度透明化的基础，各成员间的关系越紧密，并且互相信任，彼此便乐于分享更多的信息，那么信息也就越透明，供应链协同管理也就越顺畅。

（三）信息传递与交流形式

供应链上各成员间一定程度的信息共享又是推动供应链协同管理顺利开展的必要条件，成员之间如果没有任何信息的传递与交流，协同管理便会失去根本与方向。供应链协同管理成效的高低直接由成员之间信息共享水平的高低决定，而信息共享水平的高低又由信息的传递与交流形式决定。信息传递范围越大、跨度越大，则成员之间能够更自由、更充分地交流，信息传递的精确度也越高，进而更能推进协同管理执行的准确性。因此，供应链上成员间合作过程中较高的信息共享程度以及较好的信息传递与交流形式，都会对协同管理的顺利开展起到促进作用。

（四）运营合作中目标的一致性

供应链上成员之间的合作主要还是体现在运营方面的合作，如零售商根据自己的销售预测，向供应商下采购订单，而供应商要完成生产，也必然需要向更上游的供应商采购原材料。在这些日常运作过程中，不同成员因为面对的环境不一样，涉及的供应链职能也不一样，往往会产生不一样的运作目标和不同的管理重心。如零售商往往希望尽可能晚地向供应商下订单，以保证需求预测的准确性，而供应商希望能够尽早得到订单信息以便尽早地进行原材料采购和生产准备。又比如，随着消费者多样性需求的增多，以及需求变化波动性的加剧，造成了产品生命周期越来越短，而产品种类越来越多。在这种情形下，零售商更希望多品种、小批量地采购，而这又不能确保供应商利用规模效应组织生产。这些矛盾的产生都会影响到供应链协同管理的实施，因此，能否有效地解决各成员间合作中产生的矛盾，是供应链协同效应能否成功开展的关键。

供应链各成员间的联合决策就是一种可行的解决方法。联合决策即指多个成员根据一致的目标，共同制订相应的生产、采购、配送计划，以消除分散决策下带来的种种利益上的矛盾。另外，还有一些针对运作中的某个方面开展合作，如上下游成员的联合需求预测、供应商联合处理下游制造商的订单、上下游联合进行的产品研发、多个供应商之间的联合配送，等等。

三、供应链外部影响因素

供应链外部影响因素包括供应链下游需求的不确定性、供应链上游供应的不确定性、运输配送的不确定性。下面详细分析这些因素如何影响供应链协同管理的实施。

（一）供应链下游需求的不确定性

供应链下游的需求即市场需求、消费者需求，它是供应链系统有效运作的驱动力，需求量的大小、种类的多少决定了供应链协同管理的方向。但随着全球竞争的加剧，市场环境变得越来越复杂，供应链上的成员现在要面临更为多样化、生命周期更短、更难预测的需求。相关调查研究表明：不断增长的需求波动性，消费者对服务水平和产品质量期望值的日益增大，消费者的需求模式越来越复杂，让企业难以预测。而不断变化的需求市场会让供应链的协同管理摸不着方向，因此，找到应对需求波动的措施对实现供应链的有效协同管理具有很大帮助。

（二）供应链上游供应的不确定性

麦肯锡管理咨询公司关于全球供应链风险管理的调查报告显示，供应商供应的可靠性被认定为最受关注的三种风险之一。同样，来自 PRTM 管理咨询公司发布的关于全球供应链管理趋势的研究显示，关键产品供应能力的缺失是未来几年供应链管理中需要重视的最主要风险。

供应链上游的供应是保证整个供应链能够满足最终客户需求的关键环节，供应的不稳定性直接影响了供应链协同管理的结果。另外，因为供应的不确定性，相关成员不得不采取一些紧急采购策略来应对缺货的发生，这样又会临时改变供应链结构，带来供应链系统的不稳定性，影响协同管理的开展。

（三）运输配送的不确定性

运输配送能够将供应链上游的供应与供应链下游的需求连接起来，促进供应链协同管理的正常运转。而随着供应链系统复杂性的增大，运输配送也面临越来越大的压力，整个过程受到了很多不确定因素的影响。运输中交通事故的发生，运输产品的损坏是运输不确定性的典型体现，但是这些事故占的比重并不大。运输过程中最常见且最严重的不确定因素是运输时间的不确定，这给上下游成员的协同决策带来了困难。

第三节　区块链概述

一、区块链的定义

随着云计算与 5G 等前沿技术的不断成熟，区块链（Blockchain）技术的概念逐渐火热，区块链技术成为近年来最具革命性的新兴技术之一。

随着学术界对区块链的认识逐渐加深，自 2015 年起，物流、保险、知识产权、供应链、社会诚信体系建设以及各工业行业等很多领域都开始尝试使用区块链技术。区块链技术自此有了广阔的发展前景，人们随之也将视线焦点转向了区块链技术。

我国将 2016 年视为区块链元年，中国人民银行于当年 1 月宣布使用数字货币，之后，国内多家机构、企业纷纷将目光和投资目标转向区块链技术。区块链到底是什么？对此，不同的人有不同的看法和见解。关于区块链技术，研究员袁勇与王飞跃[①]认为，随着区块链技术的不断发展和改变，其逐渐成为当今时代的一种新兴的、不具备特定计算方式和特定结构的、去中心化的技术产物。研究员

① 袁勇，王飞跃．区块链技术发展现状与展望 [J]. 自动化学报，2016，42（4）：481–494.

梅海涛和刘洁[1]认为，从本质上看，区块链是一种账务记录体系，它带有一定的时间性质，具有较高的可信度和充分的开放性，是一种具备智能化特点的产品。从区块链技术具有的发展潜力上看，研究员阚雷的观点是，共享经济是基于区块链技术产生的，是在信用体系的支持下逐渐演化而来的。

简单地说，从本质上看，区块链是一个被做了去中心化处理的数据库，是采用密码学方法关联创造的一连串的数据块。在一段时间内区块链产生的全网交易信息将会被一个数据块记录下来，在验证交易信息是否有效的同时产生下一个数据库区块，逐渐形成一种不需要积累信任、去中心化的信用范式。通俗地讲，区块链技术可被视为一种全民记账技术。

任何系统背后都有一个数据库支持，大家比较熟悉中心化的数据库。例如，微信支付背后由微信数据库支持，当 A 通过微信零钱向 B 转账 10 元钱，那么 A 的微信零钱中就会少 10 元，B 接收后微信零钱就会增加 10 元，数据的变动都被微信数据库记录下来，整个过程相当于一次记账行为。每一个数据库相当于一个大账本。

区块链技术完全颠覆了这种中心化的数据库模式，具有去中心化的本质特点，其在储存、证明和传输数据的各个环节都使用了分布式结构，数据区块的运用使互联网的运行不再依赖中心服务器，产生的所有交易项目或者其他数据的变更都会记载到云系统中，在理论方面可以使数据实现自我证明，实现数据的去信用化。

区块链中的核心要素是交易、区块和链。交易信息是被储存在区块链上的实际数据。区块本质上就是一个数据块，而每个数据块里都有特定时间里需要交易的所有数据信息，且这些数据块具有保密性、透明性、独家性和区块大小均匀的特点。

如果我们把一个区块比喻为账本档案的一页，那链就是把单页账本档案连接起来的装订线，再加上时间戳签名，相当于盖上骑缝章，使数据不能被篡改。区块链就是一种按照时间顺序将记录交易信息的数据区块以顺序相连的方式组合成的链式数据结构，也是不可篡改伪造的分布式账本。

---

① 梅海涛，刘洁. 区块链的产业现状、存在问题和政策建议 [J]. 电信科学，2016，32（11）：134-138.

二、区块链的形成

区块链（blockchain）的字面意思是交易数据块或区块（block）和链（chain）。那么区块是如何构成区块链的呢？

任何一个区块都包含其自身的ID（哈希值）、前一个区块的ID以及若干份交易单这三大要素。区块链是开发数字货币所使用的底层技术，平均每10分钟就可以搭建出一个区块，在全网络范围将一定时间内产生的所有交易信息记录下来。不仅如此，每一个区块本身还记载了前一个区块的ID信息，有助于专业技术人员从现有的区块追溯到前一个节点，甚至可以以区块作用的时间顺序为依据，倒推到起始节点，引出整个交易链条。因此，当第一个数字货币诞生时，第一个也是唯一的主区块链就此产生，此后产生的所有交易记录都被记载在该主区块链上，并以每10分钟新增一个区块节点的速度不断扩展。各个区块以链的形式链接在一起组成了区块链，形成了一个可供系统内各个节点共享使用的交易数据库，这些节点在价值交换协议的基础上参与到区块链的系统网络之中。

每个区块都能找到前一个区块的ID，即代表着该区块中压缩保存着前一个区块的包括ID和交易信息在内的所有信息，此创始块（初始区块）发展到当前区块，一条区块链条便产生了。

综上，区块以“链”的方式连接，便形成了区块链。

三、区块链的特点

从本质上说，区块链是一种分布式记账系统，该系统具有数据安全、信息不可伪造和不可篡改的特点，解决了一直以来会计和审计无法彻底解决的信用问题，不再需要第三方信用中介的参与，而是将信用建立在区块链数据信息、交易记录上，即建立在技术之上而非管理之上，建立在电脑之上而非人脑之上。参与者协同创造一个信用环境，该环境自动执行智能合约，且无须任何中心化结构的审核和驱动，就可以有效解决各参与者的信任问题。

不同的文献对区块链的特点有不同的解读，但是人们对区块链的以下六个特点已达成共识。

（一）去中心化

传统的数据存储方案完全依赖一个中心。在系统理论中，一个系统的中心化程度越高，其出现错误的可能性就越大。在数据存储中，数据存储方案的中心化程度越高，数据丢失或损坏的风险就越高。

区块链所使用的分布式账本是一种全新形式的数据储存方案，其采用的是一种去中心化的模式，即将数据信息进行离散，而其结算系统在每一个节点上都有分布，实现了不同支付系统的跨越分布。在存储信息数据方面，该方案不会对任何中心化的管理机构或者系统、硬件等产生依赖，核算也不再依赖中央总账，所有数据基于整体金融系统网络之上，更多独立的私人实体只需维护中央总账衍生的相应副本，信息数据的安全性、稳定性、便捷性都大大提升。该分布式账本通过计算机技术和密码学技术进行验证。

去中心化是区块链技术的颠覆性特点，能有效地减少交易当事人之外第三方的参与，节约了成本，提高了效率，实现了交易自主化和流程简单化，避免了被中心化代理控制的风险。

去中心化是一种新型的网络生产过程，该系统中包含着许多节点，每一个节点都高度自治，可以自由连接其他节点，形成新的连接单元。在所有节点中，不存在中心节点，也不存在能控制其他节点的节点，这就是我们所说的去中心化。

区块链分布式记账系统由全网节点共同维护，不再依靠中央节点，在大多数节点用户验证之后，数据和信息才会被储存到区块链上，因此奠定了区块链无须中介与信任机构背书的基础。

去中心化也可以理解为去中介化。互联网时代的人们普遍绝对信任中心化机构，而区块链成功地将用户的这种绝对信任从第三方机构上转移到了代码上。正是因为用户的绝对信任，区块链技术才获得了更广阔的应用范围，如应用于信息管理领域、支付领域等。去中心化的特征使交易更让人放心，在交易双方互不相识的情况下，即使没有第三方中介做担保，交易双方也能放心完成互信转账。

综上而知，去中心化主要有以下几个优点。

1. 高容错

在具有中心化特点的系统中，一旦中心系统产生问题，其他环节就有可能出现故障甚至崩溃。而去中心化的系统则无须担心会发生此类问题，所有节点同时发生问题的可能性很小。

2. 抗攻击

攻击中心化系统的成本较低，因为只要攻击一个中心点，整个系统就可能崩溃。而去中心化系统没有敏感的中心点，即使其中一个节点被攻击，也不会对系统造成致命性的影响，这也就提高了攻击成本。

3. 防勾结

去中心化系统可以有效防止不轨者相互勾结、密谋获利，因为不轨者不愿意以牺牲自己为代价。

（二）开放性

区块链系统是开放的，这种开放性主要体现在以下三个方面。

1. 账目的公开性

区块链采用分布式记账系统，而且所有的历史记录都对外公开，所有人都可以查询相关的记录并进行验证。

2. 组织结构的开放性

区块链的开放性也体现在组织结构上。一方面是代码的开放，另一方面是生产者、消费者、投资者、供应商等利益相关者都可以参与其中。

3. 生态的开放性

区块链的最终目的是建立一个开放的生态。在该生态中，成本越来越低，价值传递越来越容易，效率越来越高。

（三）自治性

区块链创造了一个强信任环境，在该环境下，人们可以自由、安全地交换数据，进行交易。在这种强信任环境下，人的干预是不起作用的。区块链的自治性特点就是基于此建立起来的。

（四）不可篡改性

区块链的信息一旦被写入系统，并且经过验证添加到区块链之后，就会被永久地保存下来，单个节点无权对数据库进行修改，除非得到系统中51%及以上的节点的认证。区块链上的数据信息都是通过数学原理而非中心化信用机构来低成本地建立信用的，所以无比可靠和安全。信息被保存在区块链系统中，前后两个区块依靠索引实现了相互连接，也就是说，如果想修改某一区块链中已有的字节，就必须先破解该字节后所有节点对应的打包密钥，这是极难实现的。

如果有人想要篡改区块链的信息，其必须重置后续区块的所有哈希值。

如果某个区块链中的某笔交易被篡改了，哈希值也会相应地产生变化，这条链上所有的哈希值也随之需要重新计算。也就是说，要想篡改成功，被篡改点必须比其他节点更快生成并连接到具有新的哈希值的区块上，这几乎是不可能完成的。因此，可以说区块链能保障其中记录的所有信息完整、不被篡改，使账本交易准确可靠，具有唯一性。区块链中的同一个标的物无法同时分享给两个人，有效地避免了“双花攻击”的发生。

（五）匿名性

区块链是在协议与规范的基础上建立和发展的，其中各个节点之间的每一次数据交换都必须遵守固定算法，交易双方在不公开自身身份信息的情况下，仍可以获得对方的信任，完成数据交换。并且，自己的身份信息也能够保密。

（六）集体维护

区块链系统中的一部分节点具有维护功能，这些节点共同维护着区块链系统的稳定运行。通过节点上公开的接口，使用者不仅可以查询所有区块链数据，还可以开发相关应用。

四、区块链的分类

按照区块链应用范围、部署机制、对接类型等方面的差异，可以将区块链分为不同的类别。

（一）根据应用范围分类

1. 公有链

公有链的任何节点都是开放的，每个人都可以参与这个区块链中的计算，而且链上的任一节点都可以共享所有数据，即全部账本。公有链一般通过发行代币来鼓励参与者竞争记账，以确保数据的共识性和安全更新。

2. 私有链

在某些区块链的应用场景下，开发者并不希望任何人都可以参与这个系统，因此建立一种不对外公开，只有被许可的节点才可以参与并且查看所有数据的私有区块链。私有链一般适用于特定机构的内部数据管理与审计。

3. 联盟链

联盟链是介于公有链和私有链之间的一种区块链类别，是由多个机构或组织参与管理的区块链，每个机构或组织运行其中一个或多个节点，其中的数据只允许系统内不同机构或组织读取和发送交易信息，并共同记录交易数据。联盟链参与者追求公平和透明的协作模式，主要用于实现节点间的可信数据交换。

联盟链的各个节点通常有与之对应的实体机构组织，通过授权后才能加入或退出网络。联盟链的数据只允许系统内不同的机构进行读取和交易，而且不同的节点可能有不同的权限。

（二）根据部署机制分类

1. 主链和主网

通常区块链都有主网和测试网。主网是区块链社区公认的可信区块链网络，其交易信息为全体成员所认可。有效的区块在经过区块链网络的共识后会被追加到主网的区块账本中。主链是主网节点共同维护的区块链。

2. 测试链和测试网

测试网是对应主网的具有相似功能但主要用于测试的网络。由于测试链是为了在不破坏主链的情况下尝试新想法而建立的，只用于测试，因此测试链上的测试币在主网中不具备交易价值。

（三）根据对接类型分类

1. 侧链

侧链是主链外的另一个区块链，链接锚定主链中的某一个节点，通过主链上的计算力来维护侧链的真实性，实现公有链上的数据或数字资产与其他账簿上的数据或数字资产在多个区块链间的转移。

2. 互联链

针对特定领域的应用可能会形成各自垂直领域的区块链，互联链就是一种通过跨链技术连接不同区块链的基础设施，包括数据结构和通信协议。各种不同的区块链通过互联链互联、互通并形成更大的区块链生态。与互联网一样，互联链的建立将形成区块链的全球网络。

五、区块链的层级结构

区块链一般可分为三个基础层级，即数据层、网络层、共识层。数据层、网络层、共识层是构建区块链技术的必要元素，缺少任何一层都不能称为真正意义上的区块链。这是构成一个完整区块链必备的层级结构。在三个基础层级下又可构建相应的应用层，应用层是区块链具体的应用实现。共识层又可以进一步丰富，激励层、合约层可嵌套在共识层中实现对区块链的完善和改进。

（一）数据层

数据层包含了区块链的区块数据、链式结构以及区块上的随机数、时间戳、公私钥数据等。该层级凭借相关的数据加密和时间戳等技术，封装底层区块数据结构。区块链是共享的链式账本，每个分布式节点都可以通过特定的哈希算法和 Merkle 树数据结构，将一段时间内接收到的交易数据和代码封装到一个带有时间戳的数据区块中，并连接到当前最长的主区块链上，形成最新的区块。该过程涉及区块、链式结构、哈希算法、Merkle 树和时间戳等技术要素。

（二）网络层

网络层即通常说的分布式网络，主要通过点对点技术实现。网络层包括点对点组网机制、数据传播机制和数据验证机制，具备自动组网的特征，节点之间通过维护一个共同的区块链协议来保持通信。网络层用于封装区块链系统的组网方式、消息传播协议和数据验证机制等要素。通过设计特定的传播协议和数据验证机制，可使得区块链系统中每一个节点都能参与区块数据的校验和记账过程，仅当区块数据通过全网大部分节点验证后，才能记入区块链。

（三）共识层

共识层主要包含共识算法（共识机制），能让高度分散的节点在去中心化的区块链网络中达成共识，是区块链的核心层级之一。目前至少有数十种共识算法，包含工作量证明、权益证明、权益授权证明、燃烧证明、重要性证明等。共识机制主要封装网络节点的各类共识算法，是区块链或分布式账本技术应用的一种无须依赖中央机构来鉴定和验证某一数值或交易的机制。共识机制是所有区块链和分布式账本应用的基础。区块链技术的核心优势之一就是能够在高度分散的去中心化系统中使得各节点高效地针对区块数据的有效性达成共识。

（四）激励层

激励层主要包括经济激励的发行制度和分配制度，其功能是提供一定的激励措施：鼓励节点参与区块链中的安全验证工作，并将经济因素纳入区块链技术体系中，激励遵守规则参与记账的节点，并惩罚不遵守规则的节点。区块链共识过程通过汇聚大规模共识节点的算力资源来实现共享区块链账本的数据验证和记账工作。去中心化系统中的共识节点本身是自利的，最大化自身收益是其参与数据验证和记账的根本目标。因此，必须设计激励相容的合理众包机制，使得共识节点最大化自身收益的个体理性行为与保障去中心化区块链系统的安全和有效性的整体目标相吻合。

（五）合约层

合约层主要包括各种脚本、代码、算法机制及智能合约，是区块链可编程的基础。如果说数据层、网络层和共识层三个层级作为区块链底层虚拟机分别承担数据表示、数据传播和数据验证功能的话，合约层则负责建立在区块链虚拟机之上的商业逻辑和算法，是实现区块链系统灵活编程和操作数据的基础。

（六）应用层

区块链的应用层封装了各种应用场景和案例，类似计算机软件系统中的应用程序、互联网浏览器上的门户网站、搜寻引擎、电子商城或是手机端上的App。区块链应用部署在多种区块链平台上，并在现实生活场景中落地。

激励层、合约层和应用层不是每个区块链应用的必要因素，一些区块链应用并不完整地包含此三层结构。

第四节　区块链+供应链

供应链是一个端到端的活动集合，通常起始于自然资源，经过人类的开采、提取、加工，再经过多环节专业的存储、生产转换，最终到达用户手里。供应链活动包括所有参与方在计划、采购、生产、物流等流程中涉及的全部活动。从企业视角来看，供应链不只是企业内部相关的流程和活动，还是企业与合作伙伴之间的协调和协作。这里的合作伙伴包括供应商、客户、渠道、第三方服务商等。供应链集成了企业内部的业务能力和外部的供需网络，负责将企业内外部主要业务流程、功能链接在一个高绩效的业务模型上。从供应链全生命周期来看，供应链实质上是一个连接初级原材料、半成品、产成品及最终客户等涉及的所有相关企业、组织和实体活动的网络。

区块链是一种分布式账本技术，利用块链式数据结构来存储数据，利用节点共识算法来生成和更新数据，利用密码学原理保证数据传输和安全访问，利用智能合约来驱动业务逻辑。区块链由分布在不同地点和组织的节点互联而成，节点之间都可进行点对点的对等通信。随着业界对区块链技术认识的不断深入，越来越多的传统领域开始考虑通过区块链技术改造和驱动业务变革，本节将阐述区块链是如何影响供应链的，并介绍其在供应链中的主要应用。

一、区块链助力供应链管理的可行性

（一）数据共享

一个特定产品的供应链包括从原材料采购、制成中间产品及最终产品，至最后由销售网络把产品送到消费者手中；将供应商、制造商、分销商、零售商以及最终用户联成一个整体。这个链上的主体、部门众多，想要链上主体信息协同，就需要对数据进行跨业务主体的传输流通和相互操作，这无疑是极困难的。当前供应链各个主体的信息系统不一致，数据独立存储，彼此间缺乏信任。而基于区块链建立统一供应链协同平台，则可以分布式记录产品在供应链流程中从原材料采购到最终成品销售的完整数字足迹，所有信息可以即时被发送给供应链网络中各方主体，而无须通过可能影响信息质量和透明度的中间方，为产品和供应链流程带来更高的可视性与可控度，避免信息错误传递和不必要的协调。供应链协同伙伴可以及时发现问题，及时了解供应链网络运转情况，做出提高供应链协同效率的更好决策。同时，基于透明可视化的共享账本进行供应链流程的整合，将进一步降低协同复杂度、优化决策同步流程，真正实现供应链高效运转。

（二）数据的可追溯和不可篡改

区块链的数据结构是按时间顺序生成并且以链的形式组合在一起的，一旦共识流程完成，新区块就会被加入区块链中。被记录的数据将不能被篡改和删除，保证了上链数据的完整性。区块链技术能够提供每一笔数据的查找功能，能够随时溯源，对数据的完整性进行验证。这种保证数据完整性和溯源数据的能力充分赋能供应链领域，使得领域中溯源的数据是完整、可信的，并确保其没有被篡改。

（三）自动化、高效协同

供应链的复杂程度会导致各环节错误情况频繁发生，涉及单证问题、运输问题、价格条款、产品标准，并且极难跟踪供应链协同各方达成的共同目标的执行情况和任务进度。而基于区块链的智能合约可以实现条款自动验证和自动执行，其判断基础是区块链上的公共记录，而非任何一方单独控制的数据，因此具备较高的可信度，并可极大提高协同效率。供应链协同伙伴可以将激励机制、履约安排、风险指标侦测等转化为合约代码。当输入新的记录时，智能合约自动检测是否满足相关条款，如提单、装箱单、运单、收货证明上各项数据的一致性及合约条款符合度，进而触发对应合约条款的履行。

二、区块链在供应链领域的主要应用方向

（一）智能仓储系统

智能仓储围绕射频识别（Radio Frequency Identification，RFID）技术，结合物联网感知技术和区块链技术对仓储货物进行识别、定位、分拣、计量和监管工作。仓储中各个操作步骤都会清晰地记录在区块链中，避免了漏记、多记、错记等错误，且仓储货物信息存储在区块链上，信息不可篡改，加强了对仓储货物的监管。[①]RFID 技术是一种非接触式自动识别技术，俗称电子标签，可以通过无线电信号识别特定目标并读写相关数据，可以实现对产品生产、流通、使用环节的追溯和记录，而无须识别系统与特定目标之间建立机械或者光学接触。

RFID 技术具有快速读写、非可视识别、移动识别、定位及长期跟踪管理等功能。此外，RFID 标签还具有体积小、容量大、寿命长、可重复使用等特点，不需

① 金凯，杨睿哲，杨兆鑫．区块链在供应链管理上的应用[J]. 情报工程，2018，4（3）：29-38.

要人工干预识别过程，可大大提高效率。将 RFID 技术与区块链技术相结合，实现仓储货物信息快速入链存储的功能，大大简化了供应链中商品出入库控制的管理。

（二）物流系统

供应链物流以物流活动为核心，协调供应链领域的生产和进货计划、销售领域的客户服务和订货处理业务，以及财务领域的库存控制等活动。物流过程中的参与者来自物流不同领域的不同实体，在共同协作建立生产关系时需要大量的成本去解决信任问题，比如服务质量的运营成本、结算账单对账成本，还有物流单据的审核管理成本等。而区块链能解决大物流中的信任问题，可以促进物流平台的规模化、低成本及高信任的实现。

物流行业涉及商流、物流、资金流和信息流。而在各种“流”的背后，都涉及商品所有权的转移。区块链技术所解决的许多问题都与资产所有权转移过程中的信任摩擦有关。所以，涉及多流融合的物流场景是非常适合应用区块链技术的。

区块链技术可以促进物流领域的商流、物流、信息流、资金流四流合一，能够在多方互信的基础上快速聚合优质资源，打造立体化供应链生态服务。通过物联网技术可以确保物流数据收集过程的真实可信。同时，区块链分布式账本能够打破信息孤岛状态，确保数据存储的真实性和可靠性，促使物流向信息流的映射速度、广度和深度急剧提升，进一步强化信息流，拉近资金流和实物流的距离。库存持有和现金流是企业财务成长性必须权衡的重要指标。区块链技术能够确保企业财务数据的真实性和实时性，并能够显著提升实体企业融资的便利性，数据的真实性和实时性会缩短结算周期，实现实时结算。

因此，物流企业背靠区块链技术以及现有的物流网络，能够实现面向社会上同一产品的制造商、分销商、零售商等商家提供一体化的物流服务，并针对每一件库存产品，提供生产制造、物流运输、仓储保存、流通监控的全流程监控、溯源以及标准物流服务操作赋能，实现该产品在全渠道库存共享的过程中，来源可追溯，品质可保障，从而降低全社会的物流成本，减少产品的搬运次数，落实“短链”的物流服务模式。

（三）防伪溯源系统

传统溯源产品的数据孤岛现象严重。鉴于数据安全和多主体协作问题，传统的产品溯源覆盖范围有限，数据种类单一，数据质量较差。绝大多数产品溯源只涉及产品深加工阶段，没有延伸到原材料溯源及物流运输溯源领域，有些只是提供简单的产品产地、名称、生产厂商等信息，缺乏检测环节、物流环节和销售环节等的信息。这导致产品出现质量问题时责任难以划分，企业无法自证清白，也无法提供有力的溯源证据。而区块链特有的分布式记账、智能合约、时间戳的存在性证明与信息不可篡改等特点为多主体协作提供了可能，同时也为相关主体的数据互联互通提供了可能，覆盖运营过程，完整地记录各环节的经营数据。消费者通过扫描商品上的二维码便可以查看商品的全流程信息，且每个环节上链信息也趋于丰富。区块链溯源信息覆盖了产品全生命周期的每个环节，以实现信息数据的共享与收集，有助于明确事故的主要责任人，服务于终端消费者。

（四）供应链金融

供应链金融是指以核心客户为依托，在真实贸易的背景下，运用自偿性贸易融资方式，通过应收账款质押登记、第三方监管等手段封闭资金流或者控制物权，为供应链上下游企业提供综合性金融产品和服务。区块链的不可篡改、强化多方信任关系等特点与供应链金融也有相当高的契合度，因此也有很好的应用前景。

三、基于区块链的供应链应用架构

（一）应用架构的分类

基于区块链技术的供应链目前还处于发展初期，仍然需要探索，还没有形成统一的应用架构。根据运营方分类，可以分为核心企业主导架构、联盟主导架构和第三方主导架构。

1. 核心企业主导架构

在某些领域的供应链中，核心企业占据绝对主导地位，该种供应链就是由核心企业牵头构建和运营的区块链网络，多由核心企业的集中采购平台或销售电商平台演化而来。在这种供应链中，一方面，核心企业对其供应链和销售网络的管理需求可以得到满足，也对提升整个供应链的协同效率有一定帮助；另一方面，技术实现和推广也因核心企业的强势地位而相对容易。但其局限性也比较明显，依赖于强势主体，对供应商和经销商的需求考虑较少。

2. 联盟主导架构

联盟主导架构是指由多家企业牵头并共同组建区块链网络，定义相关技术和业务规范，实现某一产业中供应链协同的平台。联盟主导架构体现出了区块链的去中心化、分布式治理思想，联盟内各方相对更加平等。该架构多出现在供应链中存在多个对等主体、无单一强势主体的情况下。但是，正由于无单一强势主体，因而联盟的成立、规范的制定、平台的搭建需要各方达成一致，实施难度也相对较大。

3. 第三方主导架构

第三方主导架构方式多出现在细分行业中，针对某一类商品的供应链和销售，由对行业具有深刻理解的第三方企业建立平台，并由行业内的企业使用。

（二）通用区块链供应链应用架构

如图 1–3 所示为一种通用区块链供应链应用架构。该架构分为应用层、区块链层、智能终端层。

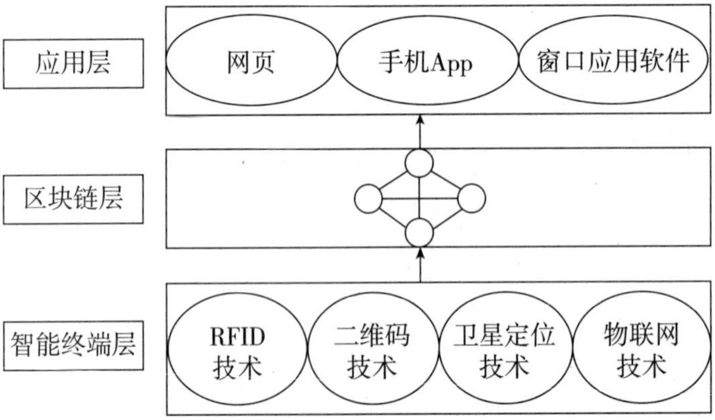

图 1–3 通用区块链供应链应用架构

1. 智能终端层

智能终端层主要依靠物联网技术和一些溯源技术组成，主要用于监控获取产品生产物流、销售过程的各种信息。产品全生命周期的信息数据都将会被收集。在生产过程中，将 RFID 标签贴在生产物料或产品上，可自动记录产品的数量、规格、质量、购买时间、负责人等生产信息，生产主管通过读写器随时读取产品信息；在物流过程中，通过 RFID 技术和卫星定位技术，获取产品位置，实现物流过程透明化；在销售过程中，消费者可通过扫描二维码标签获取存储在区块链中的产品信息，实现产品的溯源。

2. 区块链层

在供应链数据存储中，新产生的交易数据将存入新生成的区块中，并通过共识机制保证各节点服务器上的数据一致。具体流程是：各个节点产生的新交易数据，通过点对点传输到区块链上；利用共识机制定时生成新区块；利用签名算法、哈希算法等进行计算，最先计算完成并广播的节点获取该交易的记账权，并将交易信息、上一区块的哈希值、时间戳等内容打包填充到新区块中；各节点接收到新区块后，利用签名算法、哈希算法等进行验证，验证通过后，将新区块加入已有区块链的链尾。

在区块链层中，通过分布式网络、密码学及共识机制等技术建立起了各节点之间的信任关系。全网络节点共同维护整个链上的运作，一旦发现有节点试图篡改信息则将该节点踢出网络。根据身份的不同，参与交易的各交易主体扮演的节点身份也不相同，可以有供应商、生产商、分销商、零售商、物流配送、消费者等不同身份。通过智能合约可以实现不同身份的各主体之间的交易行为的自动化，进而提升效率。各主体对自己的供应链数据享有所有权利，并可对其他主体选择开放全部或部分权利，如查询权等。

3. 应用层

网页、手机 App 或专用窗口应用软件通过接口程序连接区块链层。供应链上的各个主体通过应用层与区块链层交互，实现管理、交易、产品溯源等功能。供应链中各交易主体既相互独立又互相依赖，各交易主体间根据物流和信息流传递形成供应链结构化网络。信息化和网络化的供应链能及时为供应链成员提供市场反馈信息，提高供应链的运作效率。

四、区块链技术应用在供应链领域的挑战

区块链技术的去中心、不可篡改、可追溯等特点与供应链领域十分契合，那么采用现有的区块链技术后，供应链领域就能飞跃发展吗？在落地于供应链领域的过程中，会出现什么问题呢？下面将从政策方面、技术方面来分析区块链技术应用在供应链领域的挑战。

（一）政策方面的挑战

2016年，在我国区块链技术首次作为颠覆性前沿技术写入《国务院关于印发“十三五”国家信息化规划的通知》中。此后更是日益受到我国的重视，有关区块链的政策指导意见纷纷在各地出台。根据不完全统计，仅仅在2019年上半年，我国就有23个省级行政区发布了122条涉及区块链的政策信息，极大地推动了区块链技术落地。尽管大部分政策法规对区块链相关技术都持积极态度，但是部分政策法规，如欧盟发布的《通用数据保护条例》等法规对区块链技术数据透明共享机制的应用提出了严苛的限制。针对存证等场景，目前采用的应对方式是隐私数据不上链或者哈希数据上链。但是供应链领域强调真实业务数据共享以提升协同效率，所以在该种应用领域中需要提升区块链隐私保护功能以满足政策法规要求。

（二）技术方面的挑战

目前区块链技术尚处于发展前期，技术体系还未完全成熟。根据高德纳（Gartner）咨询公司的分析，区块链技术会于2023年趋于成熟，并有望开始区块链技术的大规模应用。现阶段，区块链面临的技术方面的挑战主要体现在如下几点。

1. 区块链技术

网络混合部署要求区块链应用在供应链领域时，多采用联盟链技术体系构建企业级应用。目前已知的一些区块链平台都是在公有云上搭建的企业级应用，

但现实中，企业级的应用对区块链网络的部署方式有更灵活的要求，跨公有云、私有云和企业数据中心等灵活的、可选择的混合部署方式显然更符合企业级应用的要求。目前的技术还不能够实现一种完善的区块链网络混合部署，故此方面有待进一步发展优化。

2. 数据共享和隐私保护平衡

如前所述，采用区块链技术的供应链可以实现数据共享，通过数据的实时共享，消除供应链各个主体之间的信息孤岛，增强行业透明度。但是使用区块链平台进行数据共享时也容易造成隐私泄露问题，因此，在实际应用中要平衡好数据共享和隐私保护的关系，使用密码技术提升区块链平台隐私保护能力。

3. 高性能和存储扩容高要求

目前公认的阻碍区块链技术落地的瓶颈之一是交易吞吐量有限。虽然随着区块链技术的发展，联盟链的系统交易吞吐量已经获得了大幅提升，但是在较大规模的供应链协同应用中，仍然存在挑战。在供应链溯源系统中有着大量的物联网设备，且上链数据类型广泛，所以有着大规模并发数据上链的需求。另外，供应链的业务流程十分复杂，这导致智能合约复杂度较高，将会使联盟链网络性能下降。供应链不断发展，业务不断扩大，也对系统性能和存储扩容提出了更高的要求。

4. 跨链技术发展

区块链技术在供应链领域的应用在我国刚刚起步，各行各业都在尝试构建自己的联盟链。今后联盟链与联盟链之间的交易往来将会依赖跨链技术。

5. 区块链与供应链的网络规模匹配

当前落地的供应链应用区块链技术的解决方案，都是一些小规模的、试验性的，但是在实际业务中供应链网络往往是大规模的，一个核心企业的供应链体系可能包含成百上千的参与方。现在主流的联盟链体系架构还不能够完全匹配超大规模的供应链网络。

6. 推广新技术的挑战

区块链技术给供应链领域带来了巨大的思维冲击和挑战，基于区块链技术的供应链需要在各个主体之间打破桎梏、共享信息资源，共同建立供应链价值共同体，最终实现链上利益最大化。这对传统供应链的信息传递、价值传导模式带来了冲击。在信息传递方面，各主体之间不愿意从原来的中心化模式改变为分布式数据收集、整合、共享模式，会有担心信息数据泄露风险，不愿作出改变的顾虑。在价值传递方面，区块链技术使得供应链不再依赖中心化的协同平台，可以降低权力垄断程度，最小化协同风险，带来更多的共同利益，但是当前的经济赢家担心失去既得利益和当前的优势地位，从而会在一定程度上抗拒新模式。

五、 区块链在供应链中的应用价值

（一）从自动化和信任两个维度看区块链的价值

供应链是非常庞大且复杂的商流、物流、信息流、资金流交织在一起的系统，包含从设计、生产、采购、仓储、物流到销售等诸多环节，不仅有空间线的交织，还有时间线的交织。区块链作为一种分布式储存、点对点传输、共识机制、加密算法等多种计算机技术的集成应用，能够很好地记录供应链各方交易数据，提高信息的透明度和传递效率，保证数据的不可篡改性和安全性。总的来说，区块链有助于提升供应链管理效率，有助于打造敏捷供应链。具体而言，下面根据加内雷瓦拉（Ganeriwalla，2018）等人中所提出的基于自动化的价值和信任的价值这两个维度所构造的分析区块链价值的矩阵来详述区块链技术在供应链中的价值。

1. 区块链技术有助于实现流程自动化，提高供应链效率

智能合约是区块链重要的应用之一，是以数字形式定义的一系列承诺。基于智能合约，在不需要第三方干预的情况下可以以数字的方式促进、验证或者强化之前已经达成的合约条款，自动达成可接受的交易。例如，利用区块链技术使得企业能够更加快速和高效地选择新的供应商，减少在尽职调查上所耗费的时间。相关研究人员尝试利用区块链和 RFID 技术来传递货物运输需求。区块链技术使得承运业务能够自动分配给能最大限度满足托运人的价格、服务等需求的承运人，并继续追踪这一运输业务。纽约航运交易所利用区块链技术和智能合约使

得参与该平台的托运人能够看到拥有载货空间的承运人的信息，如价格、时间、剩余集装箱的数量等，并且一旦托运人接受了相关的条款，二者之间的交易自动达成。这有助于提高承运人的运载能力利用率，并缓解集装箱运输行业低透明度的问题。一旦发生任何一方的违约，违约的一方将损失智能合约中所规定的保证金。在供应链金融领域，区块链可以简化付款流程。基于智能合约，可以实现链条内多级贸易资金、业务场景的自动清算，实现对资金流转的自动化管理，降低贷后违约等所导致的成本。

2. 区块链技术有助于增强合作伙伴间的信任，提高供应链效益

信任关系是供应链管理的重要机制，在企业价值创造中发挥着重要的作用。组织间的信任关系往往是基于比较长期的成功合作经历而发展起来的。而当前复杂的制造生态系统中往往存在着大量彼此之间并不熟悉的潜在合作伙伴，这迫切需要寻找一种新的方式或途径来快速建立起组织间的信任关系。

区块链技术提供了一种有效的快速建立信任关系的重要机制。基于分布式存储和点对点传输，区块链技术有助于实现端到端的透明，使得整个区块链网络中发生的活动在更大范围内并更及时地对该网络中的成员可视，使每个成员获得高度可靠的、不可篡改的供应链数据。智能合约的存在也提高了网络成员对彼此按照规则行事的信心。

同时，基于点对点网络的区块链技术使得网络成员之间必须就交易的有效性达成共识，这有助于剔除不准确的或者可能会存在欺诈的交易。此外，区块链的不可篡改技术特征也有助于网络成员了解到真实的相关产品或者企业的情况。区块链的数据加密和编码等技术特征也提高了对信息共享的信任程度。区块链技术的这些特性有助于增强网络中合作伙伴之间的信任。

而这种信任关系的形成有助于降低供应链各方的成本。区块链技术能够降低供应链上各参与主体选择新合作伙伴的搜寻成本。同时，区块链为供应链协同提供了技术支持，在一定程度上可以有效地减轻“牛鞭效应”，降低供应链的成本，提高供应链的效率。基于区块链技术，处于供应链不同环节的各参与主体的数据被做成一个加密数据块，加入区块链当中。这个区块链上的库存信息对各参与主体可见，且不必担心其被篡改。基于这些具有较高可靠性的信息和数据，相对而言，供应链上参与主体的库存管理会更有效，对交付时间的预判就会更加准确。区块链能够实时记录消费信息并做到需求信息在整个区块链网络参与主体之间的共享、透明（某些关键信息会被加密，拥有权限才可获取），这样就不存在需求变异一级一级地被扩大的情况。制造企业能在结合自己的生产能力和上下游企业的实际情况下做出更切合实际的生产计划，这样能大大减少整个供应链库存成本。

在供应链金融方面，传统的供应链金融一般只能帮助大企业的一级供应商，而二级及以下供应商往往覆盖不到。供应链中的企业可能分布在不同地域，所涉及的多个机构之间的系统往往没有打通，存在着数据孤岛问题。区块链技术则能帮助解决跨地域、跨机构、跨系统的信任问题。并且对于供应链中的核心企业而言，与其有商业往来的上下游企业往往数量庞大，它们需要耗费很大的成本对各企业的应收账款等数据进行统计和维护。利用区块链分布式记账和智能合约的技术优势，款项的支付和收取变成了不可篡改的永久性账本，而且自动结算大大提高了整个供应链的运行效率。基于区块链技术，上下游企业之间的交易及票据信息都汇聚在链上。区块链网络中各参与方共同确认、维护与管理的数据为供应链金融服务提供商收集和分析企业的历史交易信息，快速准确地获取企业的信用评级以及历史融资情况提供了重要的信息环境条件。这也可以增强供应链金融服务提供商对中小企业的信任，在一定程度上有助于解决一直存在的中小企业融资难、融资贵的问题。智能合约所保证的高履约率以及基于共识机制的激励机制提升了银行等相关机构的加入积极性，促进核心企业、上下游企业、金融机构等的多方共赢，推动供应链金融良性发展。

区块链技术的使用也使得区块链网络中的参与者可以追溯产品研发、生产、流通、销售等全部环节，有效防止假冒伪劣产品的生产与流通。例如，在食品供应链中，若产品的全过程信息都记录在区块链上，那么食品从加工生产、物流运输到市场销售等每一个环节都能在很短的时间内被追踪到。倘若发生食源性疾病事件，能立即追踪相关食品的来源，只需几秒钟就可以迅速找到问题根源，大大提高了供应链管理的效率，并在一定程度上提供了约束机制，从而保证了相关产品的质量。同时，将追踪情况反馈给供应链上的其他利益相关者，使他也可以快速反应，从库存或供应链中移除相关产品，避免相关产品流到消费者手中，从而保证食品安全。

借助区块链技术所建立起的链上合作伙伴之间的信任关系也有助于提高产品或者服务的交付速度。例如，在国际运输中，每个节点都需要处理大量的文件与单据，如原产地证书、提单、海关申报单和船只清单等。每一个文档在到达最终用户手中之前都会在每个端口被交换多次。如果采用了区块链技术，运输公司、分销商和监管机构都可以通过电子设备访问相关信息。区块链结合物联网技术可以将诸如货物基本信息、装箱单信息、运输状态等信息同步上传到区块链，显著提高货物的交付速度。与此同时，应用区块链技术可以在发生问题时直接追溯定位，在一定程度上规避人为的货物丢失、误领、错领或商业造假等问题。当交易纠纷发生时，可快速根据链上信息进行取证，明确责任主体，提高付款、交收、理赔的处理效率。

此外，基于区块链技术，需求数据能够很快被全网获取。这使得面对需求的波动，各个节点能更好地互相配合，提升供应链响应速度。同时，区块链技术所积累的大量的供应链上下游的数据，也有助于企业更好地进行新产品和服务的设计与开发，提高创新的效率，增加供应链整体的效益。

3. 区块链技术有助于增强消费者对产品的信任，提升客户体验

近年来，随着消费者对安全、优质食品的需求不断增加，基于区块链的产品追溯系统正逐渐成为提升产品供应链透明度、增强消费者信心的有效工具。消费者在购买某些产品时，通过扫描包装上的二维码，即可了解产品供应源头、检测报告、流通中位置变化等详细信息。全流程的产品追溯系统，增强了消费者对产品的信任，从而改善消费者的体验并提高其满意度。

此外，区块链技术有助于提高交付质量，提高客户满意度。例如，运输过程中货物丢失或损坏可能会影响客户对运输公司的信任。区块链能够提高透明度，客户可以基于相关入口自行查询区块链上的信息（如物流进度等），了解物流链中的事件，从而增强客户的体验。

（二）高自动化和信任需求下的区块链技术应用价值

虽然区块链技术对于供应链管理具有诸多价值，但这并不意味着所有企业

都需要使用区块链技术。在此，可以从自动化的价值和信任的价值两个维度来分析区块链技术的应用场景（见图1–4）。当强调自动化的价值以及对组织间信任要求比较高时（也即矩阵右上方的象限），区块链技术具有很高的应用价值。当企业强调自动化的价值时，如存在大量标准化的交易，也即重视速度和效率，但对组织间信任关系的要求不高（也即矩阵左上方的象限），此时区块链技术有助于实现端到端的供应链可视化以及任务自动执行。但是，还有其他先进的供应链管理方法，如数字化控制塔等能够满足企业对自动化的需求；同时，考虑建立区块链去中心化计算网络所需要的大量资源投入，此时应用区块链技术的吸引力就没有那么大了，数字化控制塔则是最划算的选择。而当企业对自动化的需求较低，更多地强调和重视组织间的信任关系时（也即矩阵右下方的象限），如存在大量但不稳定的合作伙伴，区块链技术提供了一种信任机制，在考虑成本、收益的基础上可以作为一项冷门技术产生价值。例如，当合作伙伴之间需要以一种安全、持久的方式记录共享数据来实现全链条追溯和审计时；当存在很多参与方需要增加或获取数据，抑或参与契约交易时；当制造商和供应商不知道彼此或者不相信彼此，并且没有一个中间商去帮助建立信任关系时等。而当企业不重视自动化和信任关系的价值时（也即矩阵左下方的象限），区块链的应用价值是比较低的。

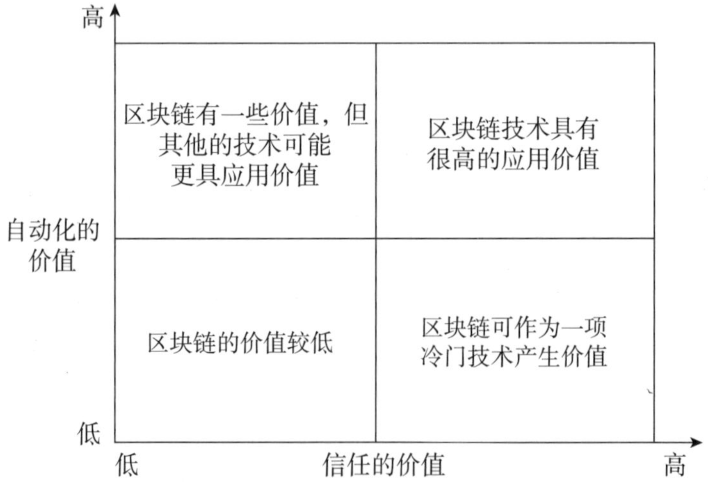

图1–4 区块链技术应用场景分析

第二章

基于区块链的供应链采购管理

随着市场环境的变化，企业之间的竞争逐渐演变成供应链之间的竞争。在供应链管理下进行的采购行为不再是单纯的购买行为，而是从选择潜在供应商到商品入库的一整个流程，在这个过程中还要经历询价、比价、订单确定及分配、确定交货条件、正式采购等多个环节。在传统的企业管理及企业采购活动中，采购信息通常是秘密的，不对外公开的，这就导致各个企业只为了自己的利益而忙碌。信息的不通畅导致市场需求的失真或中断，企业在市场需求信息不能及时获得的情况下往往会得不偿失。因此，在供应链管理模式下，想要更好地促进采购活动的发展，从而给企业带来更多的利润，首先要做的就是将信息公开化，企业应当同供应商形成合作关系，建立通信系统，推动市场信息和需求的共享，从而提高企业对市场环境变化的反应能力和应对能力。

第一节　供应链管理模式下的采购团队建设与采购特点

在供应管理模式下的采购，其定位和结构取决于企业的业务特征以及情境因素。不同规模的企业以及生产经营不同产品的企业在采购团队的建设上会有各自的要求，也会有各自的特点。

一、供应链管理模式下采购团队的建设

在供应链管理模式下建设采购团队，具体来说应满足以下几个方面的条件。

（一）采购人员应具备的素质

采购活动是企业开展业务的第一个环节，它直接关系到企业业务活动的成败。采购原材料的质量会直接影响企业销售产品的质量和销量，采购原材料的数量会直接影响最终产品的质量和企业经营的连续性。因此，采购环节对于企业运营来说至关重要，要做好采购工作，企业就必须拥有一支高素质、专业化的采购团队。在这个采购团队中，每个采购人员都应该具备以下素质。

1. 道德素质

采购活动是采购人员代表企业直接面对供应链上游企业进行的活动，在买方市场广泛存在的今天，这将是一个非常考验采购人员道德素质的活动。因此，为了确保采购活动不会影响企业的整体运营、不会损坏企业的利益，在对采购人员进行选择的过程中，一定要注重对其道德素质的判断，要选择那些大公无私、以企业利益为首要宗旨的员工为采购人员。

2. 知识素质

采购人员仅仅具备良好的道德素质是不够的，由于采购活动涉及的领域和业务范围非常之广，不仅影响到企业后期的生产和销售，而且会对企业整体的运营战略产生影响。因此，采购人员必须具备一定的专业知识，以保证其能在与供应商进行商务谈判时不落下风并且游刃有余。这里的专业知识不仅包括对市场、业务基础等的了解，还包括对文化常识、自然科学知识、心理学知识等的掌握。

3. 能力素质

具备道德素质和知识素质的采购人员不一定就具有相当的能力素质。能力相对于知识来说，往往会在实践工作中起到更为重要的作用。因此，采购人员在具备道德素质和知识素质的基础上，还应该具备一定的能力素质，包括对业务活动的分析能力、与各部门之间的协作能力、与供应商进行谈判时的交流和表达能力、对采购产品的成本分析和价值分析能力，以及对市场需求的预测能力，等等。

（二）采购人员应具备的观念

采购人员的观念是指采购人员在开展采购工作、处理采购问题过程中遵循的指导思想。正确的采购观念能够引导采购人员遵循客观规律进行采购活动，并能科学处理在采购过程中出现的问题，从而提高采购工作的效率和质量。在现代采购活动中，采购人员应具备的观念主要包括战略观念、经济观念、竞争观念、服务观念、创新观念等五个部分。

（三）采购人员的招收和培训

在对采购人员的素质和观念进行了一定的规范与限制之后，对采购人员的招收和培训也有其注意事项。

1. 采购人员的招收

在我国市场经济体制不断深化的当下，企业的经营自主权得到了加强，因此对专业的采购人员的需求量和要求也提高了。目前我国的采购人员招收主要采用两种方式，分别是企业内部招收和企业外部招收。

虽然各企业对采购人员招收的方式不同，但大体上都遵循“公开招收、自愿报名、全面考核、择优录用”的原则。遵循这种原则招收采购人员可以有效避免“走后门”等现象的出现，并减少后期“跳槽”的情况，进而提高人员的综合素质，增强采购团队人员的稳定性。

2. 采购人员的培训

长久以来，很多企业都忽视了对采购人员进行培训这一环节。但实际上，对采购人员进行培训对于推动采购活动的顺利进行是非常重要的。对采购人员进行培训，一方面要对新进员工进行专业化的培训，以帮助他们熟悉工作、尽快上岗；另一方面，也要根据市场的变化、企业的发展和采购业务的变化，对已有员工进行及时的培训，以帮助他们适应技术发展的需求，更新知识和技能。

二、供应链管理模式下的采购特点

与传统的采购模式相比较，在供应链管理模式下的采购出现了很多新的特点，具体来说主要表现在以下三个方面。

（一）从库存采购转变为订单采购

对于传统的采购来说，其主要的目的就是对产品的库存进行补充，采购部门只需要根据订货点和订货周期进行补货即可。但是，在供应链管理模式下，采购活动的最终目的不再是库存补给，而是满足订单的需求。产品的生产计划来源于客户的订单，而采购订单则取决于生产计划，最后供应商供货则是来源于采购订单，这是一个从用户需求到供应商供货的一体化流程。具体来说，在客户订单驱动下的采购的特点主要体现在以下几点。

1. 企业与供应商间建立合作伙伴关系

对于供应链管理模式的采购活动来说，在采购的过程中，企业与供应商之间会产生一种长期、稳定的合作伙伴关系，双方之间签订合同的过程会得到大幅度的简化，采购流程也会在很大程度上得到优化，避免了无效作业。

2. 实现了供应链同步化运作

在传统的采购活动中，企业的生产计划、采购计划，以及供应商的供应计划之间通常都存在较大的时间差异，但是在供应链管理模式下，这三者之间就可以实现同步化运作，从而大大降低了环节间协同所耗费的时间。

3. 信息传递方式发生变化

不同于传统采购中企业和供应商都会对自己信息保密的情况，在供应链管理模式下，企业和供应商会共享市场及生产信息，这有利于企业增强对市场变化的反应能力。此外，信息的共享使企业能够及时更正订货计划，实现订货和需求的同步。

4. 实现了作业管理模式的转变

在订单驱动的采购模式下，传统采购活动的流程被简化了很多。此外，对于采购部门来说，其中一项重要的任务就是要给企业和供应商之间提供沟通渠道，因此在供应链管理模式下，采购部门的作业模式也逐渐在向过程化转变。

（二）从采购管理转变为外部资源管理

随着准时化生产思想的出现和不断发展，以库存补给为驱动的传统采购模式需要进行改变，并且企业采购的柔性和对市场变化的反应能力也亟待加强，同时，企业还应该增强同合作伙伴之间的合作，建立新的合作模式。

在上述需求的驱动下，供应链管理模式下的采购也从采购管理进一步转变为了对外部资源的管理。对于企业来说，要想获得长期的对外部资源的有效管理，就必须与各个供应商之间建立起一种稳定的合作关系，这样就可以在保证所采购物质的质量的同时，积极参与到供应商对产品的设计和质量监控中去，建立全新的、多层次的供应商系统。此外，在合作过程中通过对供应商企业各方面条件的了解，逐渐减少与不合适的供应商之间合作的次数，将精力和资源集中到更优质的供应商，并与其建立起长期的合作关系。

要实现高效的外部资源管理，企业应该从以下几个方面进行努力。

1. 提供信息反馈，加强教育培训

给供应商提供及时的信息反馈有助于供应商及时对产品质量进行完善，从而促进产品质量的提高。同时，对供应商进行教育培训，有利于加强供应商相关工作人员对采购及供货等专业知识的掌握和了解，从而促进供应商提高对个性化产品和服务的认知以及生产能力，保证个性化产品和服务的质量。

2. 参与供应商的产品设计和质量监控

推动企业参与到供应商的产品设计与质量监控的过程中去能有效促进供应链的同步化运营。通过让企业参与到供应商的产品设计和质量监控工作中去，可以有效提高产品的质量，在提高供应链的反应能力的同时，让市场需求信息更好地体现在供应商的业务活动中。

3. 建立新的供应商网络

随着互联网时代的到来，企业的采购活动也要充分利用网络的优势，建立起供应商网络，并对其进行科学的管理，在精简供应商数量的同时，维持好与优质供应商之间的良好合作关系，从而使企业需要采购的物资在质量和数量上都得到一定的保证。

从原则上来说，供应商的数量越少越好，这样不仅利于企业进行管理，而且可以推动企业同供应商之间亲密的关系。但是由于在生产过程中，对不同原材料以及零部件需求的差异，企业需要根据自身的具体情况选择供应商，并决定供

应商的合理数量。

（三）从一般买卖关系转变为战略合作关系

对于企业来说，传统的采购活动主要是与供应商之间实现买卖关系，而在供应链管理模式下，这种关系得以加深和升级，二者之间转变成了一种战略合作的伙伴关系。

在企业同供应商之间的关系发生了转变的同时，下面这些问题也得到了不同程度的重视和解决。

1. 库存问题

在传统的采购模式中，由于采购的驱动因素是库存的补给，并且供应链中的各级企业对信息并不采取共享的措施，因此，企业需要花费大量人力和财力来维持与管理产品库存。而随着供应链的发展，供应链上各企业逐渐开始共享需求和生产信息，采购也开始以订单为驱动因素，这样就减少了一味补给库存造成库存压力过大，或错过补充库存的最佳时机造成库存量满足不了销售量的情况，企业也因此实现了库存管理费用以及采购成本的降低。

2. 风险问题

在传统的采购模式中，由于供需双方信息的封闭，经常会导致采购风险的出现。而在供应链管理模式下，由于供需双方形成了战略合作关系，因此通过对信息的共享和共同决策，减少了由于不可预测因素造成的需求突然变化而导致的采购风险的现象。

3. 采购成本问题

在供应链管理模式下，由于供需双方之间建立了一种战略合作的伙伴关系，因此双方在采购和供货的过程中都省去了很多不必要的环节与手续，这样不仅减轻了采购人员的工作压力和时间成本，也在很大程度上实现了供需双方的采购成本的降低。

4. 时间和组织障碍问题

由于信息的共享，供需双方在采购计划的制订过程中往往实行共同协商决策的方式，这在很大程度上减少了决策的时间，避免了很多不必要的精力的浪费，也为后期决策的执行扫平了障碍。

同时，通过战略合作关系，供需双方之间存在的组织障碍会得到解除，这为准时化采购的实现提供了条件。

第二节　供应链管理模式下的采购技术与方法分析

当前，市场中存在的供应链系统的采购技术与方法有很多，其中较为常用的主要有 MRP 采购、ERP 采购、JIT 采购和电子采购等。

一、MRP 采购

MRP（Material Requirements Planning）即物料需求计划，它是利用主生产计划（Master Production Schedule，MPS）、物料清单（Bill of Material，BOM）、库存量、已订购但未交货量、采购提前期等资料经计算得出的需订购的物料数量以及确切的订购时间的一种物料管理技术。①

（一）MRP 采购的特点

1. 需求的相关性

MRP 采购是一种关联性的采购方式，能够有效地提高企业采购工作的效率和有效性。它给人们提供了这么一种思路：对于采购需求我们应该有一个明确的认识，不能将目光局限在需求本身，还应该根据实际的情况对资源需求、时间需求以及生产需求等内容进行科学的利用。

① 范旭潮 .MRP 采购管理系统初探 [J]. 装备制造技术，2013（1）:79–81.

2. 需求的确定性

MRP 采购计划是采购工作执行与实施的依据。一般来说，采购计划主要包括采购的项目、采购物质的规格、采购时间以及采购数量，并且这些采购项目一经确定，就不应轻易更改。

3. 计划的精细性

MRP 采购计划的制订必须经过严密的分析与科学的论证，对所有采购项目的执行标准进行科学的测算，确保采购工作能够在采购计划的指导下顺利实现采购目标、提高采购质量与采购效率。

4. 计算的复杂性

MRP 采购计划是一项综合性的计划文件，不仅包含了众多的采购项目及执行标准，并且还能够引导采购工作向着正确的方向发展。采购计划各个项目的具体执行标准是根据计划制订前收集的信息以及相关数据计算得出的，具有极强的客观性。这种客观性的得出是在大量计算与验证的基础上才得到验证的，在一些数据量较大的数据运算中，为了避免因数据计算方式复杂、计算量大而导致的失真，必须借助计算机来完成。

（二）MRP 采购系统

1. MRP 的输入

（1）主生产计划。主生产计划是驱动 MRP 的一整套计划数据，它反映出企业打算生产什么、什么时间生产以及生产多少。主生产计划必须考虑销售合同、市场预测、原先未完成的订单、可用物料的数量、现有的生产能力、管理方针和企业目标等。主生产计划只考虑最终项目。这里所讲的最终项目，可能是产品，也可能是处于产品结构中最高层次的装配件，这些装配件可根据总装计划装配成不同的产品。[①]从生产的角度来说，企业工作进度的安排与调整都是依据年度生产计划制订的。从时间上来说，MRP 采购中以周为单位对生产与采购计划进行标示，年度生产计划的覆盖范围为 52 周，即一年。需要注意的是，对主产品的

① 许慧莹．供应链环境下 TQ 公司安全库存的设置 [D]. 北京：清华大学，2009.

生产计划安排并不是都以52周为周期进行的，而是根据市场、生产、供应以及销售等基本要素确定的。

（2）物料清单。物料清单多用表格形式表示。物料清单是一种有着严密组织结构的文件，它不仅要对采购项目、执行标准等具体的内容进行明确，还要根据实际情况对不同项目之间的结构关系进行介绍，并对相关工作的轻重缓急做出取舍。

（3）库存文件。库存文件也叫库存状态文件，其主要的构成部分为各个库存子系统在系统运作初期的具体表现（主要包括稳定性、科学性、有效性等）。库存文件的主要标准集中在动态变化过程中。库存的变化是多种因素综合作用的结果，一般来说，市场行情、采购数量、生产能力、流通速度等因素都会对库存产生很大的影响，而库存文件正是记录这个动态过程以及各个因素变动关系的文件。

2. MRP的输出

（1）净需求量。净需求量是物资资源配置最需要回答的主要问题，它是指生产系统需要外界在给定的时间提供的给定物料的数量，通俗地说就是生产系统到底需要什么、需要多少以及在什么时候需要。净需求就是从这点出发，解决企业生产物资的需求的问题，从而保证企业生产的科学性，提高企业生产的效率。

MRP采购在企业的生产经营过程中并不需要满足所有的库存缺失，换句话来说就是并不是所有的库存量都是企业生产的实际净需求，这一点需要特别注意，在运用过程中对相应的情况加以区分。

（2）计划接受订货量。计划接受订货量是指为了满足净需要量的库存需求，需要在特定的时间从计划外的供应商供货的具体数量，它是企业为了保证生产对某物资在某个特定时间所进行的额外满足，属于MRP的弹性采购计划。实施这一措施应该对物资的供应和市场需求之间的具体关系进行科学的界定与分析，根据生产经营的实际状况确定企业计划订货量，更好地保证企业的生产运营。

（3）计划发出订货量。计划发出订货量是指在特定的时间发出采购订货单进行采购或发出生产任务单进行生产的数量和时间。其中，发出订货的数量等于“计划接受订货”的数量，也等于同周的“净需求量”的数量。计划发出订货的时间是充分考虑生产或订货提前期之后，为了保证“计划接受订货”或者“净需要量”在需要的时刻及时得到供应，预估一个提前期而得到的一个时间。即

计划发出订货时间＝计划接受订货时间－生产（或采购）提前期

＝净需求量时间－生产（或采购）提前期

因为 MRP 输出的参数是直接由 MRP 输入的库存文件参数计算出来的，所以为直观起见，总是把MRP输出与MRP库存文件连在一起，边计算边输出结果。

3. MRP 采购处理过程

MRP 采购的全部处理过程可以分为如下几个步骤[①]。

（1）准备。在实际运行 MRP 之前，首先需要做好以下几个方面的准备工作。

①确定时间单位，确定计划期的长短。一般计划期可以取一年，时间单位取周，即计划期为 52 周。当然时间单位也可以取天，计划期可以取任意的天数。

②确定物料编码，包括主产品和零部件的编码。

③确认主产品生产进度计划，它被表示成主产品的出产量。

④确认主产品的结构文件（物料清单），它被表示成具有层级结构的树形图。由主产品（0 级）开始，逐层分解成零部件，直到最后分解到最低层——初级原材料或外购零配件为止。每个组成零部件都要标明零部件名称、单个上层零部件所包含本零部件的数量和本零部件的生产（或采购）提前期。每一层都要标明层号（也叫层级码）。

除了主产品（一般为独立需求）及其零部件（一般为相关需求）外，还有些辅助生产用品、维护用品、维修用品等需要外购的物资，可以作为独立需求按实际需要量直接列入物料清单的最低层，参与共同的物料需求计划。

准备好主产品及其所有零部件的库存文件，特别是各自的期初库存量，计划到货量。有些物资，特别是长距离、难订货的物资还要考虑安全库存量、订货批量和订货点等。

（2）逐级处理。首先从层级码等于 0 的主产品开始，依次取各级层级码的各个零部件，计算出净需求量、计划接受订货量和计划发出订货量。

计划发出订货量是每一个零部件发出的订货单，既包括订货数量、订货时

① 陈东良 . 湖南银河电气有限公司采购管理改进研究 [D]. 长沙：湖南大学，2015.

间、交各车间加工制造的生产任务单，也包括交采购部门采购的采购订货单。它们按时间整理起来就是一个物料订货计划，也就是一个物料需求计划。

MRP 系统的逻辑流程如图 2-1 所示。

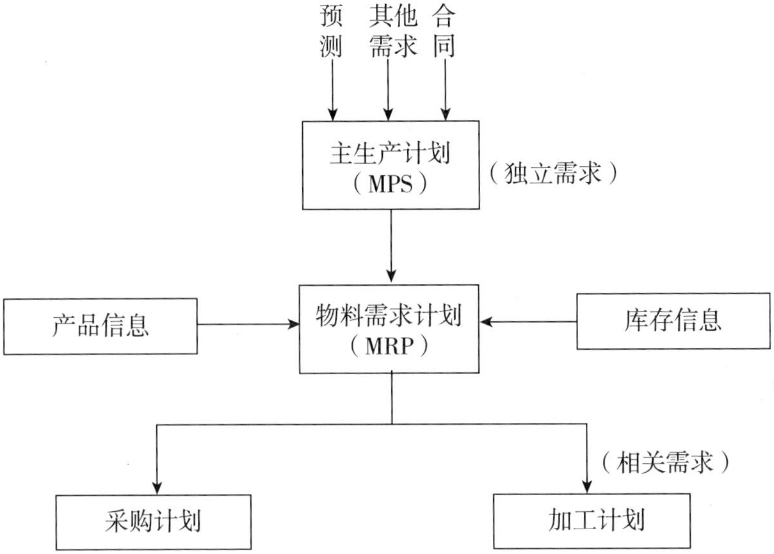

图 2-1　MRP 系统的逻辑流程

（三）MRP 采购的实施

1. 采购计划的确定

我们可以通过 MRP 系统的运行结果确定所需物料的计划发出订货的订货量和订货时间。这就是订货计划，也就是采购计划。根据这个计划规定的时间发出订货，订货量取计划中规定的订货量，则经过一个采购提前期，采购回来的物资刚好可以赶上这一周的需要。

但是在实际生活中，执行这样的采购计划可能会有一定的困难。因为很难总是以一个固定的订货批量去订货，订货量时大时小，无论是包装还是运输都不太方便，有些甚至不能实现。因为供应商的商品通常都是整箱、整包地包装好了的，一般不拆零卖，要买就买一个包装单元。也就是说，采购的数量要受供应商包装单元的约束。同样，运输要受运输单元的约束。采购数量最好是包装单元的整数倍，且采购数量应当按固定订货批量进行采购。这样我们就要使用按固定订货批量处理的 MRP 计算模型。

2. MRP 采购需要注意的问题

一般来说，企业组织的采购活动主要有以下几个步骤：资源调查、供应商认证、询价及洽商、生成请购单、下达采购单、采购单跟踪、验收入库、结算。

MRP 采购是一种不同于传统采购的管理模式，因此二者在步骤上会有所差异，MRP 采购除了包含传统采购的所有步骤，还对一些步骤的实施条件和前提进行了明确与规定，为了满足这些条件，企业的采购活动具体实施起来会多出一些工作。这些工作总结起来体现在两个方面，即 MRP 系统维护以及供应商管理。

二、ERP 采购

（一）ERP 系统概述

ERP（Enterprise Resource Planning）系统即企业资源计划系统。企业的资源规划的科学性和现代化是建立在信息技术的基础之上的，在现代管理理念的指导下，管理人员利用计算机对企业资源进行合理的配置与划分，提高企业资源运作以及经营管理的效率。ERP 系统是一种集计算机技术、信息技术以及现代管理方式于一体的综合性规划系统，科学地运用 ERP 采购管理系统能够最大限度地调动企业资源配置的活力、员工工作的活力，能够有效地提高企业的运作效率以及经济效益。

1. ERP 与企业资源之间的关系

企业的硬件资源是日常生产和经营的基础，如果将企业的硬件看作一种企业资源，那么企业的厂房、生产线、加工设备、检测设备、运输工具等都是硬件资源的重要组成部分；企业的软件资源也是企业资源的重要组成部分，主要包括人力、管理、信誉、融资能力、组织结构、员工的劳动热情等。企业工作的正常开展需要管理人员对软件和硬件资源进行合理调动与配置，利用不同资源之间的相互作用，推动企业工作的开展并实现这些资源的价值。

ERP 系统正是一种针对企业软件和硬件资源分配与利用的现代资源规划及管理系统，企业通过 ERP 系统能够对企业软件和硬件资源的作用过程进行全面监督，并根据其收集的信息资源对管理过程中的各种各样问题进行针对性的处理。

2. ERP 系统在企业采购中所发挥的作用

一般而言，企业采购管理的目标在于简化采购计划及调配的同时形成批量采购，并将运输管理的程序进行适当的简化，从而达到减少库存提高企业采购效率和采购质量的目标。ERP 系统的应用扩展之一，就是基于互联网络的采购管理，它能够帮助供应商与购买方之间实现方便、快捷的交易。从这一点来看，企业在采购环节中引入 ERP 系统的最直接结果，就是在信息技术的支持下实现了企业采购工作管理由过分职能化管理向整体性管理的变化。

（二）ERP 系统的功能构成

ERP 系统与传统的管理软件相比，其高度集成主要体现在四个方面。其一，在 ERP 系统中，企业的各种资源数据以及管理系统都是经过统一的处理存入统一式或分布式的信息库中，所有的信息都按照“同一数据，同一来源”的原则进行数据化管理。其二，ERP 系统能够对海量的信息资源进行分析和汇总，提高信息资源利用的效率，建立起制造、分销、财务、外协、决策支持等一系列业务过程的集成。其三，企业的物流、信息流、资金流的集成。其四，整合了人力、财力和物力等资源的集成。

进入 21 世纪后，企业管理“需要一个有效的管理信息系统”已经成为人们的共识。对各种制造业来讲，当今世界上普遍采用的信息管理系统就是 ERP 系统，它依靠不断发展的功能模块的协调运行，实现了供应链上“五流”，即物流、资金流、信息流、增值流、工作流的高度集成。

（三）ERP 环境下的采购管理

1. 强调完备的控制体系

ERP 采购管理系统与传统采购管理系统最明显的区别在于它的“事前控制、事中监督、事后分析”这一管理思想。因此，ERP 系统中的采购工作程序有三个特点。一是审批严格，ERP 采购管理系统有着十分严格的审批程序；二是流程有序，ERP 采购管理有明确的工作步骤；三是监督有方，有效的监督是保证整个系统高效运转的保障。

2. 基于职责为核心的流程设计

传统的采购管理是基于采购管理部门和部门领导的概念，尚属于“人治”的范畴。而在ERP采购管理系统中，流程中的每个环节都有固定的规定，每个员工都有自己对应的职责，这些职责可以预先设定也可以灵活定义，但肯定是确切的，且有相应的执行标准。

3. 基于高度共享的基础信息平台应用

使用ERP采购管理系统后，提供基础信息岗位的工作量增加了。比如引入系统后，采购过程中的价格信息要及时采集录入，这无疑会为采购员、询价管理员带来较之前繁重的工作。信息是ERP采购管理系统能够发挥其作用的前提，因此在其中工作的管理人员要有意识地增加信息管理人员、采集人员与分析人员的比例。

三、JIT采购

JIT（Just In Time）采购又叫准时制采购，是准时制生产系统的重要组成部分。JIT系统是近几十年来由日本企业首创的一种新的生产管理系统，最早使用这一系统的公司是全球知名的丰田汽车公司。

（一）JIT采购概述

1. JIT采购的原理

（1）JIT采购产生的必要性。对于生产来说，库存是一把“双刃剑”。它既是生产的条件，又是生产的负担。一方面，库存作为生产的条件，为生产提供物资准备。生产一开始，就需要充足的成套的原材料，这些原材料很难临时地从远方的供应商手中得到，所以生产企业多少会储备一定量的原材料库存。而且，供应商离得越远，本企业生产所需的原材料库存量就越高。从这一点来看，库存是生产所必需的，是企业生产正常进行的前提条件。另一方面，库存量又占用一定的资金、设备和资源。这就增加了生产成本，成为生产的负担。而且库存量越高，需要花费的保管费用也就越高，企业生产的负担也就越重。同时，过多的库存量也会掩盖企业生产管理中的一些弊病，给企业带来隐患。

为此，人们在采购中一直不断努力，试图寻找一种既能保证企业生产的物资需要，又能使企业库存量最小化的方法。20 世纪 90 年代，受 JIT 生产管理思想的启发，JIT 采购应运而生。

JIT 采购的基本原理是以需定供。即供应方根据需求方的需求（或称看板），按照需求方需求的品种、规格、质量、数量、时间、地点等要求，将物品配送到指定的地点。不多送，也不少送；不早送，也不晚送；所送品种要个个保证质量，不能有任何废品。

（2）JIT 采购原理的内涵。

①在品种配置上，保证品种有效性，拒绝不需要的品种。通俗地说，就是根据需求方的需求来确定供应品的规格、质量，最大限度地为需求方考虑。

②重视产品质量，加强质量检验，保证“废品”“次品”不出厂。为需求方提供质量上乘的产品，能够迅速赢取需求方的信任，为双方稳固的供求关系提供保障。

③保证供给数量，按照需求方的需求来确定供应量，既不要多给，又要保证足量。

④严格控制供应时间，为需求方减轻库存压力以及成本压力，对其需求进行合理的预估，确保为需求方提供最及时、最科学的供给。

⑤保证配置地点的准确性，在确定的时间和地点，向需求方提供物品的供给。

JIT 采购是一种现代企业制度下的采购制度，它能够在满足企业需求的前提下对企业物资的供应时间、供应量以及供应地点进行准确的保证，最大限度地减小企业的库存压力和成本压力。JIT 采购对保证企业资金链的正常运行具有十分重要的意义，并且能够降低企业的库存成本，提高经济效益。

2. JIT 采购的特点

传统采购活动的重点是采购行为本身所涉及的交易活动，最显著的特点是对交易产品的价格极为重视，多通过供应商的选择来降低企业的采购成本。虽然传统采购对产品质量以及售后服务业比较看重，但是这些因素显然不能成为决定整个交易活动的主导性因素。这也造成了传统采购的产品质量难以保证，并且只能通过事后检验这一被动的方式来保证供应质量。

JIT 采购是一种新型的企业采购制度，在该制度下，企业采购不再以价格最优为唯一的采购依据，这是因为 JIT 采购的目的是补充库存而不是满足生产。随着经济的发展，市场竞争越来越激烈，企业的生存压力也越来越大，企业在除了传统竞争领域之外，还极其注重企业供应链之间的竞争。在这种竞争背景下，采购作为企业供应链的重要功能环节也必然要与时俱进，适应企业竞争的需要。因此，企业必须考虑在供应链管理条件下，企业采购管理的科学性。就 JIT 采购来说，按需采购是其最突出的特点，这一特点也因适应现代企业竞争的需求而成为企业采购发展的一个重要趋势。

JIT 采购与传统采购在采购批量、供应商选择、供应商评价、检查工作、协商内容等多个方面都存在着很多的不同之处，具体如表 2–1 所示。

表 2–1 JIT 采购与传统采购的区别

项目	JIT 采购	传统采购
采购批量	小批量，送货频率高	大批量，送货频率低
供应商选择	长期合作，单源供应	短期合作，多源供应
供应商评价	质量，价格，交货期	质量，价格，交货期
检查工作	逐渐减少，最后消除	收货，点货，质量验收
协商内容	长期合作关系，协商重点在于质量和合理价格	获得最低价格
运　输	准时送货，买方负责安排运输	较低成本，卖方负责安排运输
文书工作	文书工作少，重点在于关注交货时间和质量	文书工作多，改变交货期和质量的采购单较多
产品说明	供应商注重变革，强调产品性能	买方关心设计，供应商不注重创新
包　装	多为标准化容器包装	普通包装，无特别说明
信息交流	快速、可靠	一般要求

（二）JIT 采购实施

1. JIT 采购实施的步骤

（1）建立 JIT 采购班组。成立 JIT 采购班组的目的是对企业的采购行为进行科学的规划，并对相应的采购事宜实施决策。这一工作需要企业各部门的大力支持与合作，否则难以起到其应有的作用。该班组通常是由采购经验丰富的部门负责人或者采购管理的专业人士领导的，一般来说，其成员包括技术人员、生产人员、质量管理人员、物资管理人员、成本会计人员等。JIT 采购班组的主要职责是制订企业的采购计划，并负责相关工作的组织与实施。为了更好地完成企业的采购工作，企业应该定期对该班组的员工进行工作技能和职业素养的培训，使他们端正工作态度、了解工作职责，以更好地完成部门工作。

（2）制订采购计划。采购计划是企业采购活动的基本依据，是企业采购工作实施的纲领性文件，因此采购计划的制订必须谨慎，尤其要保证其可行性。企业制订采购计划的核心依据是企业需求与采购策略，前者决定采购计划的主要内容，后者决定了企业采购活动的基本方向与基本方式。采购计划的内容应主要包括企业采购产品的数量、采购产品的规格、采购质量等；采购的方式主要是指企业采购工作的组织方式。

（3）与供应商建立伙伴关系。供应商和制造商之间并不是相互对立的，从更长远的角度来看，二者的利益着眼点是一致的，因此企业与供应商之间应该建立起相互信任、紧密联系的合作关系。在现代采购中，供应商往往会与采购商签订一份期限合理的供需合同，双方交易行为都是在合同的约束下进行的，二者通过契约稳定双方的合作关系，谋取更大的利益和更长远的发展。

（4）选择试点。JIT 采购是一项规模宏大的工作。如果想要顺利开展这样大规模的工作，就必须进行试点，逐步摸索经验。而且，应该围绕某条生产线来选择作为试点的供应商或零配件，并将采购改革试点与生产改革试点结合起来，以起到相互支持的作用。

（5）搞好供应商的培训，明确共同努力目标。在现代采购制度中，采购行为不仅仅是采购商单方的行为，还必须依靠供应商的积极参与才能高质、高效地完成采购交易活动。为了满足 JIT 采购对供应商的参与要求，作为采购活动的主要活动方，采购商要将自己的理念传递给供应商，并通过设立试点的方式与供应商共同建立现代化的采购模式。作为采购活动参与者的供应商，也要积极配合采购商的采购制度，积极组织员工参加供应商的采购培训，为双方更好地合作打下良好的基础。

（6）给供应商核发产品免检证书。核发产品免检证书是实施 JIT 采购策略非常关键的一步。当然，获得产品免检证书需要供应商的产品符合免检条件，并经得起层层考验，这也是发放免检证书的前提和基础。在发放产品免检证书的过程中，供应商需要向采购商以及质量认定部门提供产品质量证明，产品设计的规格、质检程序以及产品样品等。

（7）实现配合生产进度的交货方式。要实现配合生产进度的交货方式就需要在制造商需要采购某种物资的时候，该物资能够及时出库并及时运抵指定的交货地点，最大限度地提高物资流动的效率，节约物资流通的成本。

（8）继续改进，扩大成果。JIT 采购是一个环环相扣的连续过程，不同的供应商在整个采购活动中的不同阶段和不同位置扮演着自己角色，一旦其中一个环节出现问题，那么整个采购工作都会受到影响。因此在改进采购策略的过程中，需要企业对各个环节通盘考虑，这样才能避免整个采购工作的连续性受到影响。

2. 实施 JIT 采购的影响因素

（1）与供应商之间的关系。采购商与供应商之间的关系是 JIT 采购成功的关键，同时也是 JIT 采购中最难以把握的问题，因为二者的利益如果不能协调一致，相互信任的合作根本将难以实现。而供应链管理正是对参与方关系调节的一种管理方式，在供应链管理下采购商与供应商能够通过利益调节，使双方建立起稳定的合作关系。

（2）难找到合适的合作伙伴。选择合适的供应商也是企业进行 JIT 采购必须面对和解决的一个难题，因为供应商的选择是否合适不仅关系到采购工作的实施，还关系到 JIT 采购模式能否成功地推行下去。因此在 JIT 采购中，企业在选择供应商时一定要进行严格的筛选与对比，选择信誉好、产品质量过硬的企业作为合作伙伴。

（3）掌握好对供应商的激励。JIT 采购是一种新型的采购活动，因此为了配合该采购模式的正常运转，需要企业建立一整套有效的激励管理制度配合其实施，使供应商与采购商能够共同受益于这一管理体系，共同推进这一采购制度的深入开展。

四、电子采购

电子采购是随着计算机技术兴起的一种采购模式，它能够极大地提高企业采购工作的效率，节约采购开支，并有效地防止各种采购腐败行为的产生。近年来，随着计算机与互联网的迅速普及，电子采购已经成为一种重要的采购方式。

（一）电子采购概述

电子采购是指利用计算机与互联网完成的一种物资交易手段，也被人们称为网上采购。

电子采购作为一种高效的现代化采购方式，能够有效规避传统采购费时、费力、成本高、周期长、易产生腐败现象等弊端，为企业的采购工作注入新的活力。电子采购的优点主要体现在以下几个方面。

1. 减少采购成本，提高采购效率

电子采购的基础是信息管理系统，该系统将采购活动的各个参与方紧密地纳入一个公共信息交流平台，减少了中间环节，大大提升了信息交流的效率，节省了采购的决策与沟通时间。大量的采购实践告诉我们，电子采购的高效性使企业采购成本大大降低，采购工作的质量也得到了提升。

2. 节省采购时间，提高采购效益

从效果上来看，电子采购是提高企业采购效率、降低采购成本的最直接、最有效的措施之一。计算机技术的引入使传统的手工统计工作的复杂程序得到极大的精简，并且计算机自动化系统能够比较完美地代替传统人工工作。

3. 加强了对供应商的评价管理

电子采购将企业选择供应商的范围扩大化，加之采购信息的公开化，使得供应商的潜在客户增多，实现了双赢。供应商信息资源的整合是电子采购优越性的一个重要支撑点。供应商数据库的建立不仅为采购商提供了更广阔的选择空间，同时也为供应商提供了一个公正的竞争平台。

4. 优化了采购及供应链管理

电子采购能够极大地提高企业的采购效率，降低企业成本，并且对采购行为进行严密的监控，谨防各种腐败行为的产生。电子采购管理的数据化管理为相关工作项目的监督提供了良好的基础，是一种理想的工作监督手段。一般来说，在大企业中这种监控手段更为领导者青睐，这主要有两个方面的原因。一是大企业的组织结构复杂，需要大量采购人员才能完成企业的采购计划，人工监督不仅效率低下而且需要支付额外的人力资源成本；二是大企业雄厚的资金实力使它们能够建立起完善的数据管理体系，并且能够对工作内容和效率进行全程监督，提高监管效果。

5. 增加交易的透明度，减少“暗箱操作”

公平是管理的最基本原则，电子交易能够最大限度地保证管理的公平性。由于供应产品的价格、数量以及供应商的确定都可以通过网络信息库进行查询，正是这种几乎处于透明状态下的工作方式，使企业采购管理的公平性得到了保障。相反，如果各项工作都在线下进行，“暗箱操作”现象的监管将会变得难以抑制。

6. 增强了服务意识，提高了服务质量

供应商赢得采购商的信赖最终还是要依靠高质量的产品质量和服务。如果供应商不能保证自己的产品质量，即使获得了采购商的订单，最终也会因为产品质量问题而导致双方的合作关系难以长期保持，并且对企业形象造成损害。供应商管理是现代采购管理中的重要组成部分，加强对供应商的管理不仅是对采购企业自身的利益的合理保护，同时也是对双方合作关系的一种保护。

（二）电子采购的模式

1. 买方一对多模式

买方一对多模式是电子采购中最常见的一种采购情形。具体来说，就是企业作为采购方在互联网发布采购信息之后，有多家愿意合作的供应商与企业联系

的一种采购模式。具体如图 2-2 所示。在买方一对多的模式中，企业可以有充足的空间对供应商进行筛选，以选择对企业最为有益的一种购买方案。

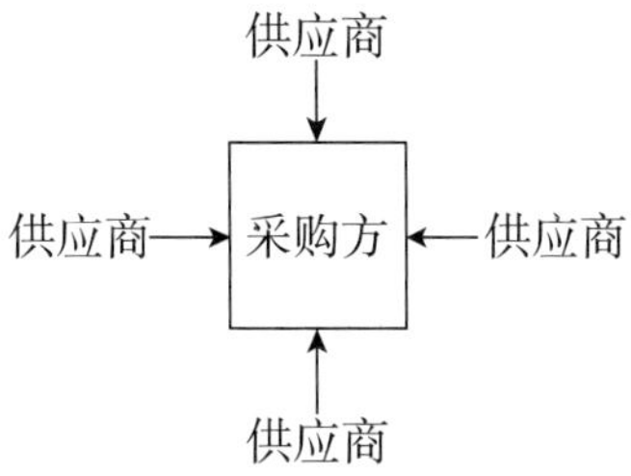

图 2-2 买方一对多模式示意

在买方一对多模式中，采购方是双方合作的主导，并且需要完成建立产品目录以及对相应信息进行管理的职责。虽然会增大采购方的工作量，造成采购成本的增加，但是能够更好地对供应商进行管理，这无论是对采购工作本身，还是对供需双方的日后合作，都具有重要的作用和意义，可以说是一项一次投资、长期受益的工作。

买方一对多模式适合大企业的直接物料采购，其原因可以从以下三个方面来考虑。

（1）大企业有自己成熟、稳定的管理体系，采购系统需要解决的核心问题是与原有系统管理模式的合理融合，而不需要考虑相关内容的执行情况。

（2）大企业在采购供应链中处于核心地位，其与供应商的合作模式大多是关系密切的长期合作。

（3）大企业具有雄厚资金实力，能够建立完善的采购管理体系，承担起建立、维护和更新产品目录的负担。

2. 卖方一对多模式

卖方一对多模式是指供应商在互联网上发布其产品的在线目录后，企业作为采购方通过浏览资料来取得所需的商品信息，然后作出采购决策的采购模式。具体如图 2-3 所示。

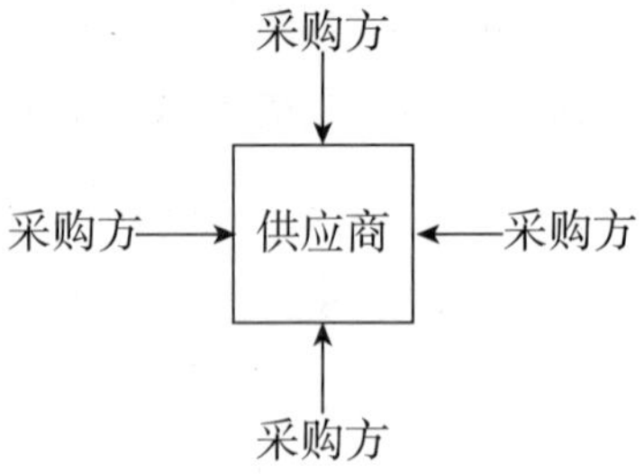

图 2-3　卖方一对多模式示意

在卖方一对多模式中，作为卖方的某个供应商为增加市场份额，往往会开发自己的网站，允许大量的买方企业浏览和采购自己的在线产品。买方登录卖方系统通常是免费的。

随着电子技术的普及，这种模式采用了新的以 XML（Extensible Markup Language，可扩展标记语言）为基础的标准，使采购方的 ERP 系统接受简单的文件形式（如采购订单、收据）成为可能。但需要注意的是，虽然这种采购模式变得简单易行，但很容易导致滥用权力，如员工可能绕过企业采购政策随意从在线供应商那里进行采购。

3. 第三方门户网站

门户（Portals）是用于描述在互联网上形成的各种市场的术语。第三方门户网站是指由采购方和供应商之外的第三方搭建的网络平台，在这里，多家采购方和供应商能够相遇，并进行各种商业交易。具体如图 2–4 所示。

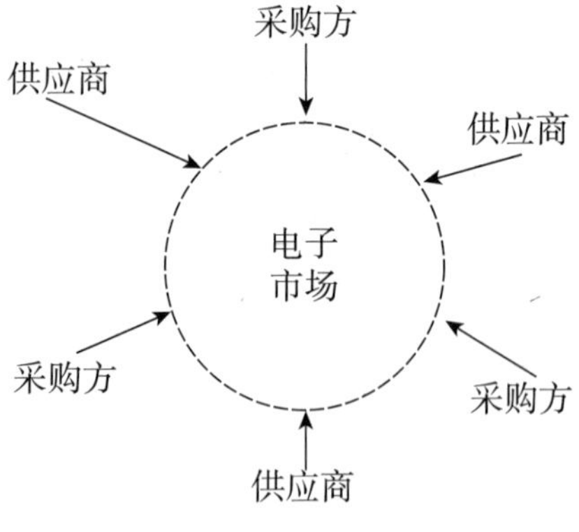

图 2-4　第三方门户网站示意

为了改进市场中买卖交易的效率，在互联网上一般有两类基本门户。

（1）垂直门户（Vertical Portals）。垂直门户是经营专门产品的市场，如钢材、化工、能源等市场，它通常由一个或多个本领域内的领导型企业发起或支持。

（2）水平门户（Horizontal Portals）。水平门户集中了种类繁多的产品，其主要经营领域包括维修和生产用的零配件、办公用品、家具、旅行服务、物业服务等。

这类门户网站通常是通过向每份交易收取1%~15%的交易费来获得收入的，具体比例的大小依赖于交易量和交易产品的类别。即使这样，电子交易的成本还是比通过传统销售渠道交易的成本低。

（三）电子采购的实施

1. 实施电子采购的技术支持

（1）EDI（Electronic Data Interchange，电子数据交换）技术。企业之间的谈判及交易文件都是通过EDI技术实现的。从信息学的角度来说，EDI技术是一种将具有结构特征的数据化信息在不同的计算机终端之间进行交换和处理的技术。企业之所以在交易过程中使用EDI技术进行文件的传送，是为了保证交易的效率、降低交易的成本，从而获得更大利润空间。

（2）计算机及网络技术。无论是电子采购信息的交换还是企业内部不同部门之间的信息交流都离不开计算机及网络技术。随着技术的提升，计算机的硬件性能也在不断增强，这使数据计算和处理的速度以及准确性大大增强，同时也使操作界面进一步简化，降低了数据录入、管理以及调用的难度。

（3）网络安全技术。网络是一个虚拟的世界，企业在进行电子采购的过程中一定要对交易对象的身份进行确认，并对其所提供信息的真伪进行调查与审核。电子采购只是为双方的合作提供更加便利与快捷的方式，企业一定要认清这一点，对于交易内容的把握必须严格按照企业规章制度来进行。

2. 实施电子采购的步骤

（1）事前培训。就国内大多数的企业来说，企业对系统研究与开发人员的培训往往安排在事后。事后培训固然有一定的效果，但相对于事前培训来说起到的作用比较有限。已有的经验表明，事前培训能够很好地预防各种不稳定因素的发生，有效地规避企业的交易风险。一般来说，事前培训的主要内容包括技能知识、岗位职责、工作制度等。

（2）成立正式的项目小组。项目小组必须保证自己的权威性，因此项目小组的负责人应为企业的高层领导，同时，为了保证项目小组决策的正确性，小组成员还应该囊括各个职能部门的人员，如信息技术人员、采购人员、仓储管理人员等。每个成员都要尽到自己的责任，在方案决策、成本管理、风险控制等工作中发挥自己的长处，保证整个项目的顺利进行，而无数的实践工作也已经证明，良好的组织管理是电子采购顺利进行的前提。

（3）广泛调研，收集意见。电子采购需要依靠电子采购系统实现，在该系统建立的过程中，应该广泛调研、集思广益，充分参考并尊重人们意见。在完善电子采购系统的过程中，要积极吸收来自其他领域和企业的成功经验，不断发展和完善企业电子采购系统。

（4）建立企业电子采购网站。企业在建立电子采购网站的过程中，要注意网站的功能设置，将采购工作的每个环节都纳入网站的功能板块之中，并利用互联网信息技术保证各个参与主体之间的密切联系。一般来说，网站包括的内容如表 2–2 所示。

表 2–2　企业电子采购网站包括的内容

提供给供应商的内容	只有内部人员可以访问的内容
网站任务阐述	内部政策和程序
企业或者组织的地址与目录	与内部目录和供应商目录的链接
供应商信息及注册过程	完整的合同
供应商政策	采购申请信息和工具
如何实现购买的帮助信息	与其他采购工具和网站的链接
采购信息链接	内、外部以纸为媒介的文档（以便于快速更新）

（5）应用之前测试所有功能模块。在电子采购系统正式应用之前，必须对所有的功能模块进行测试，因为任何一个功能模块如果存在问题，都会对整个系统的运行产生很大的影响。

（6）网站发布。利用电子商务网站和企业内部网站收集企业内部各个单位的采购申请，然后对这些申请进行统计整理，形成采购招标计划，并在网站进行发布。

第三节　供应链系统下的采购需求预测分析

当今世界发展迅速，企业竞争越来越激烈，因此企业有必要通过加强对供应链的管理来提高竞争力。而在供应链的管理中，做好采购需求预测分析是其中重要的一个环节。

一、供应链系统采购需求预测

（一）市场需求的类别与特征

准确了解和掌握市场需求的类别与特征，是进行采购需求预测分析的基础和前提条件，一般来说，市场需求可分为季节性需求、周期性需求、趋向性需求和随机性需求。

1. 季节性需求

季节性需求是指随着季节的变化相应地也会导致产品的需求量发生变化。换言之，季节性特征是季节性需求的重要驱动要素，气候、节日、消费习惯等是引起季节性需求量变化的重要因素。如夏天对泳衣的需求、春节期间对礼品的需求等。在面对季节性需求发生变化的时候，企业应当及时调整经营方向、提高生产效率，以满足市场的需求。

2. 周期性需求

周期性需求是指随着时间的周期性变化，产品的需求量也会发生变化。由于无法准确判定形成周期性需求的原因以及无法确定周期的时间间隔，往往导致周期性需求难以预测。目前来看，经济发展的进程、国际环境的变化等是市场产生周期性需求的主要因素。

3. 趋向性需求

趋向性需求是指产品需求曲线会随着时间的推移向着某一个方向规律地运动，并且不会出现较大的波动。由于趋向性需求一般情况下发展方向明确、发展线路稳定，因此相对较易预测。

4. 随机性需求

随机性需求是指产品的需求量会出现无规则、无确定方向的变化趋势，也就是说，随着时间的推移和季节的转变，产品需求量不会呈现规律性变化。一般情况下，在产品总需求中，除去那些已经确定原因的需求因素，其他需求就属于随机性需求。

（二）需求预测的组成部分

1. 消费者过去的消费习惯

对消费者过去消费习惯的了解有助于企业对产品未来的需求量进行预测。消费者需求一般情况下会受到多重因素的影响。企业只有掌握了消费者过去的购买行为，分析其与未来需求量之间的关系，才能对产品的需求量进行更严密、准确的分析和预测。可以说，消费者过去的消费习惯是企业预测产品未来需求量的重要根据。

2. 主观因素和客观因素

企业在对产品需求量进行预测时，不仅要考虑主观因素，还要考虑客观因素。其中，人为因素也是市场需求变化的重要因素之一。例如，超市经理在收看天气预报后知道第二天有雨，气温会降低，那么就会减少冷饮等产品的采购量，这就是人为因素，经理的做法也不是以过去消费者的需求量为依据的。而如果经理没有采取这个行动，那么很有可能造成超市第二天的冷饮销售量大大低于采购量，进而造成超市损失。因此可以看出，人为因素在需求预测中也起到重要作用。

3. 供应链的反应时间

供应链的反应时间也是企业在选择预测方法时必须参照的重要因素。供应链的反应时间决定了企业进行预测的时间。企业一般情况下需要在供应链反应时间之前就对产品的需求量进行分析和预测，避免采购量和预测量出现较大误差的情况。

（三）需求预测的种类

精确的需求预测对提高整个供应链的效率具有十分重要的意义。当前市场竞争日益激烈，企业的需求管理在企业的利润指标的范围内承受着越来越大的压力，这就要求企业要运用最合理、最适合的预测方法对企业产品的需求量进行分析和预测。

一般情况下，企业对产品需求量的预测结果同预测期限有着密切的联系，根据预测期限的不同，需求预测可以分为四大类。

1. 长期预测

长期预测的期限一般在五年或以上，主要是根据企业的长远发展计划和当前市场需求量对产品的需求进行预测。由于周期长，而涉及的影响因素多种多样，故一定程度上会导致预测结果与实际情况出现较大的误差。一般情况下，长期预测只能对产品的需求量进行大致、粗略的分析，并不能产生精确的结果。因此，长期预测的结果通常会具有局限性的特征，一般多运用于探测企业的整体走向。

2. 中期预测

中期预测的期限一般为一年到三年。中期预测通常以企业的经营战略为基础，参考新产品开发等方面的信息，对产品的未来需求量进行预测。相比于长期预测，中期预测的周期较短，涉及的不确定因素较少，因此预测的结果和实际情况之间不会产生很大的误差。

3. 短期预测

短期预测的期限一般为三个月至一年。短期预测主要是对产品的季度或年度的市场需求量进行分析，以根据预测结果适当调整企业生产能力和经营方向。编制生产计划表、确定企业的短期经营目标以及组织货源等都是企业进行短期预测的方式。短期预测弥补了随机波动对需求量产生的影响，并且可以对企业的短期变化进行调整。

4. 近期预测

近期预测一般情况下以周或旬为单位，主要是在企业内部对各个环节进行预测，确定产品的具体需求量。近期预测的目的是保证企业生产过程的完整性和稳定性。近期预测一般牵涉到的不确定因素很少，因此预测结果相对比较准确。

各个企业应该根据自己企业的经营决策的需要和经营方向，综合考虑预测对象的内容、性质、特点以及具体要求等因素，选择合适的预测方法进行预测。

（四）需求预测的特征

企业在对特定产品的未来需求量进行分析预测时，一般会出现以下几个特征。

1. 预测常常出错

企业在进行产品需求量预测时，无论采取何种预测手段，都无法避免误差的产生。例如，两个汽车交易商在对汽车需求量进行预测时，得出以下预测结果：其中一个交易商预计销售量是 100~1900 辆，而另一个交易商预计的是 900~1000 辆。这两个预测结果虽然在平均销量上数字相同，但是预测的幅度范围却有很大的出入。因此，在进行产品需求量预测时，一定不能忽略对预测结果与实际情况之间的误差的预测。

2. 短期预测相比于长期预测更为准确

上文已经提到，由于涉及的因素不同，长期预测相比于短期预测可能会出现更大的误差。因为短期预测在实际操作过程中涉及的不确定因素较少，纳入考虑范围的客观因素也有限，因此预测结果和实际情况之间不会出现很大的出入，但是长期预测是根据企业的长远计划和战略方向来对产品的需求量进行预测的，因此，涉及多个不确定因素，预测结果和实际情况之间就会产生相对较大的误差。

3. 综合预测的效果更佳

这里所说的综合预测是相对于独立预测而言的。综合预测就是指对市场需求采用多种预测方法进行分析预测，其最终的预测结果是取几种预测结果的平均值或加权平均值。

（五）需求预测的步骤

1. 明确预测对象

明确预测对象就是指要确定明确的预测对象和具体的预测方式。例如，对某一特定产品进行预测，还是对几种产品进行综合预测；是采用长期预测的方式进行预测，还是采用短期预测的方式进行预测。明确预测对象有助于预测内容的确定，可以促进具体的预测计划和预测组织的形成与建立。

2. 收集相关数据

收集相关数据是指根据明确的预测对象，对预测对象的已有相关数据和资料进行整理与分析，并收集尚未掌握的数据和资料。收集相关数据对预测结果的准确性有着重要的影响作用。

3. 选择预测方法

选择预测方法就是通过对预测对象相关数据资料的分析和掌握，确定预测具体进行的方法。预测方法的选择可以以产品的历史需求量作为参考依据。例如，对于需求量相对稳定的产品，可以利用简单的移动平均法进行预测；而对于需求量受到大量随机因素影响的产品，预测可以采用定性分析和定量分析相结合的方式进行。

4. 得出预测结果

在经过上述三个步骤的准备之后，就应开始对预测对象进行正式的预测。需要注意的是，在预测产品未来需求量的时候，要考虑多方面的影响因素，在利用经验判断和逻辑推理的同时，也要进行必要的统计和计算等步骤，从而形成更合理的预测结果。

得出预测结果后要对该结果进行评价，而评价的重要依据就是预测结果和实际情况之间的误差，主要包括以下两个方面。

（1）理论预测误差。理论预测误差就是指在选择预测方法之前，利用数学统计模型所估计的理论预测值与过去同期的实际观测值之间的差距。在分析理论预测误差的基础上，对数学统计模型进行分析和改进，产生最合适的统计模型，这对减小预测误差具有重要的作用。

（2）实际预测误差。实际预测误差是指在选用预测方案之后，追踪检查预测方案的实施结果是否合乎实际的情况。对实际预测误差进行分析，找出实际预测误差产生的原因，对今后的预测工作可以起到经验指导的作用。

（六）常见的需求预测技术

对产品需求进行预测可以使用多种预测技术，总体上这些预测技术可以分为定性预测和定量预测两大类，定量预测又可以分为时间序列预测以及因果关系预测两种。表 2-3 是根据定性预测、时间序列预测以及因果关系预测为依据，对需求预测技术的具体分类。

表 2-3　常见的需求预测技术

技术类型	技术小类	说明	适用预测期限
定性预测技术	德尔菲法	用定制的问卷询问一组专家，用以前一份问卷的回答来制作下一份问卷。该技术剔除了跟随多数意见的跟风效应	中期到长期
	市场调查法	系统地、正式地、有意识地对真正的市场展开调查，然后对调查所得资料数据进行分析以寻找规律，预测产品的市场销售量	中期到长期
	专家判断法	在预测受社会因素的影响，不能反映真正的一致意见时，多使用该技术	中期到长期
	销售人员评估法	预测时以销售人员的意见为主要依据，因为对于某些市场或产品，销售人员更贴近客户，他们能很好地估计客户需求	短期到中期
	类推预测法	对类似新产品的导入期和成长期做对比性分析，根据相似模型做出预测	中期到长期
	臆想预测法	利用个人的见解、判断对假设的未来不同情境下的“事实”做出预言，属于主观的猜想和想象	中期到长期
时间序列预测技术	移动平均法	在时间序列上计算较近一段时期销售量的算术平均数或加权平均数	短期
	指数平滑法	对最近期的对象点给予更大的权数	短期到中期
	时间序列分解法	将时间序列分解成季节性、趋势性和规律性因素	短期到中期
	趋势映射法	用数学方程拟合趋势曲线，然后利用方程将其映射到未来	短期到中期
	集中预测法	在未来一般时间内，如三个月，测试几个简单的决策方法，并从中选择一个更精确的方法	中期

续表

技术类型	技术小类	说明	适用预测期限
时间序列预测技术	谱分析法	将时间序列分解成谱，并以几何正弦和余弦的线性组合进行预测	短期到中期
	回归模型	将需求与其他变量或解释变量联系在一起	短期到中期
	计量经济模型	利用一组相互依赖的回归方程组来描述销售活动	短期到中期
因果关系预测技术	投入—产出模型	有些时候，人们也会将计量经济模型和投入—产出模型结合起来进行预测	中期
	先导性指标法	利用一个或多个与需要预测的变量系统相关的先行变量进行预测	短期到中期
	生命周期法	多用于预测新产品的增长	短期到中期
	神经网络法	受生物神经功能的启发而形成的数学预测模型。对于不连续的时间序列，使用该技术比其他时间序列模型预测更准确	短期

二、供应链系统采购计划的编制

编制采购计划即要确定是否采购、采购的方式、采购的内容、采购的数量以及采购的时间等。编制明确、完整的采购计划对于很多企业来说有非常重要的意义。

（一）编制采购计划的流程

1. 采购计划的输入

采购计划的输入也就是编制采购计划的基础和依据，大体上来说可以分为两个部分。

（1）企业内部的各项管理计划，主要包括资源需求计划、采购要求、其他管理计划以及风险识别清单四部分。其中，采购要求主要是指待采购产品的功能和特性要求、质量标准以及技术规范；其他管理计划主要包括与工期计划衔接、与沟通计划衔接等内容。

（2）企业环境因素。

①外部约束条件。外部约束条件也是制约采购计划施行的因素，主要包括

国家法规、社会信誉状况、金融环境、法制环境、技术检验手段、交通条件、产品供求关系、产品价格以及汇率水平，等等。这些因素都是编制采购计划不可或缺的参考依据。

②市场行情信息。市场行情信息是企业选择产品和供应商的基本依据。市场行情主要包括资源的获得途径、获得方式、性价比、供货周期，等等。

③计划假设前提。所有的计划都是建立在一系列假设条件的前提下的。计划假设前提对于采购计划的编制也起着十分重要的作用。如果假设条件越准确，那么依据该假设编制的采购计划也就越精确；如果假设条件不够准确，那么采购计划就失去了施行的基础，随时可能出现风险甚至落空。

2. 采购计划的输出

采购计划的输出实际上就是依据采购计划输入的各方面因素，对采购计划进行正式的施行和反馈，主要包括以下几个步骤。

（1）采购需求分析。首先，根据采购计划的输入信息，确定企业需要采购物资的具体品种、数量、要求等。对采购需求进行分析是编制合理的采购计划的基础。

（2）资源市场分析。根据上一个步骤中确定的采购物资及其数量，对资源市场上该物资的情况进行分析。分析的主要内容包括资源的分布情况、价格情况、质量情况、供应商情况以及交通运输情况等。其中，对资源品质的分析是资源市场分析的重中之重。由于有关资源市场的信息不总是清晰明确的，因此在进行这个步骤时，需要有关人员花费一定的时间和精力进行研究。

（3）制订采购计划。经过上述两个步骤之后，编制采购计划的准备工作就基本就绪了，接下来就是根据收集的资料制订出切实可行的采购计划。采购计划的内容应该明确对供应商的要求、供应的品种、具体的订货策略、运输策略和实施进度计划等。

（4）供应商的选择。根据前几个步骤对采购物资的分析以及制订的采购计划，决定在供应商选择上采用的标准以及采用供应商的数量。选择供应商时首先应该对供应商的各方面条件进行考核和评估。对供应商的考核主要包括几个方面，首先是了解供应商所处的市场类型，如是完全竞争市场、寡头市场，还是垄断市场。掌握供应商所处的市场类型有助于采购人员决定供应商的数量、各供应商之间的关系以及最有效的采购方式。其次是与这些供应商进行接洽，在分析各种利害关系之后，确定最终合作的供应商。

（5）实施采购计划。实施采购计划就是根据上述制订的采购计划进行具体实施，包括联系指定的供应商、贸易洽谈、签订购货合同、运输进货、到货验收和支付货款等。

（6）监控采购过程。监控采购过程是指在整个采购过程中，要对相应的工作环节和流程进行监督，包括采购进程的效率、采购资金的使用等。对采购过程进行监督有助于更好地控制采购计划的实施。

（7）采购评价。对采购过程进行整体评价是编制采购计划的最后一个环节。对采购过程进行评价主要应该包括评价采购效果、总结经验教训、寻找存在问题、提出修改意见等。

（二）编制采购计划的影响因素

编制采购计划的影响因素主要包括年度销售计划、年度生产计划、物料清单以及库存管理卡、物料标准成本的设定、生产效率、价格预期等，下面主要介绍前四项因素。

1. 年度销售计划

一般情况下，企业的年度销售计划是企业一年中经营计划的起点，而销售计划在制订过程中又受到销售预测的影响，可以对企业的销售预测产生影响从而影响企业的年度销售计划，最终作用于采购计划编制的因素主要包括外部的不可控因素以及企业内部的可控因素。外部不可控因素主要指经济发展状况、政治体制、社会和文化环境等，内部可控因素则包括企业的财务状况、技术水平、硬件设施、人力资源状况等。

2. 年度生产计划

年度生产计划一般以年度销售计划为基础，因此，年度销售计划会直接影响企业的年产量，从而影响企业的采购计划。年度生产计划无论是过于乐观还是过于保守，都有可能导致采购计划出现误差，从而造成采购过量或采购不足。

3. 物料清单

物料清单的及时反应和调整也直接影响着企业的采购计划。一些情况下，物料清单并没有根据市场情况及时地做出反应，这就会导致实际需求数量和预测需求数量出现较大的偏差。因此，物料清单的及时反应和调整对保证采购计划的准确性起到了重要的作用。

4. 库存管理卡

库存管理卡的记录是否正确也是影响采购计划的重要因素之一。库存管理卡记录的内容包括料账是否一致、物料存量是否全为良品等。如果库存管理卡的记录不够准确或未能及时地更新，那么就有可能导致实际库存的数量低于记录的可取用数量，进而造成采购计划中的应购数量偏低。

第四节　供应链系统下的采购库存控制分析

在供应链系统下，做好库存控制是帮助企业更好地满足客户需求、提高资金利用率和提高自身经营收益的重要手段。因此，加强对采购库存控制的分析，提高库存管理的科学性，能够有效降低成本，为企业带来收益。

一、库存的分类与功能

所谓库存，就是库存物资。在供应链系统中，所有处于储存状态下的物资都可以称为库存。库存除了可以进行物资储存、保证物资供应之外，还具有整合需求与供给、维持供应链系统中各环节顺利运行的功能。

（一）库存的分类

根据企业库存管理的不同目的，库存可以分为以下几类。

1. 循环库存

循环库存是指在生产或销售过程中由于库存补充而产生的库存。循环库存的目的是确保确定情况下的需求可以得到充分满足。循环库存可以对供需时间上产生的冲突起到缓冲的作用，保障买卖双方的经营活动都能顺利进行。通常情况下，循环库存会按照一定的数量额度或时间周期反复出现。

2. 安全库存

安全库存是指由于供需的不确定性而存在于循环库存之外的库存。安全库存是一种缓冲库存，一般占到销售总量的 3%。

3. 加工库存和在途库存

加工库存是指由于等待加工或流通加工过程中暂时处于储存状态的产品。在途库存是指在运输过程中、未到达目的地或由于等待而处于运输工具中的产品。加工库存和在途库存存在的原因主要是物品的加工与运输都需要一定的时间。

4. 季节性库存

季节性库存是指为了满足销售高峰季节某产品出现的大量需求而建立的库存，或者是为了季节性生产的产品供给能在销售季满足大量需求而建立的库存。

5. 促销库存和积压库存

促销库存是指为了配合企业开展的各项促销活动，满足促销期间产品的需求量增加而建立的库存。积压库存是指由于产品的品质和质量因长期积压发生损坏而产生的库存，或是因没有需求而滞销的库存，或是由于超额储存而产生的过量库存。

6. 时间效用库存

时间效用库存的建立主要是出于两种情况。一种情况是对于价格频繁波动的产品，为降低成本而在低价时候大量购进；另一种情况是对于预计价格会上涨的产品，为降低成本而在市场价格较低时大量购进。

（二）库存的功能

库存作为储存的表现形式，既是产品流通的暂时停滞，也是产品运输的必要条件。库存对于产品流通有着重要意义，它在商品流通中的功能主要表现在以下四个方面。

1. 调节供求差异

库存在产品流通中可以起到调节供求差异的作用。通常情况下，市场对产品的需求会随着生产、生活的进程而不断产生并发生变化，但是供求在时间上不会永远保持同步，这就需要对供求在时间上的差异进行调节。库存便可以很好地执行这项功能。库存可以维持正常的生产和生活秩序，尽可能地消除供给与需求之间、生产和消费之间产生的冲突与不协调，对缓冲供求之间的矛盾，促进企业生产、经营活动的正常运行有着极为重要的意义。

2. 稳定生产规模，争取获得规模经济效益

虽然维持一定的库存会花费相当一部分的储存费用，增加储存成本，但是企业维持一定的库存规模有利于稳定生产规模；维持一定的库存还可以保证企业及时满足市场对产品的大量需求，从而形成规模经济，争取获得规模经济效益。保持一定的库存可以通过两种途径实现，一种是批量采购，另一种是批量生产。前者可以降低订货费用，后者可以降低生产成本。

3. 缓冲不确定性因素的影响

库存还具有缓冲不确定因素影响，缩短订货时间，加快市场反应速度的功能。企业在生产经营的过程中，由于各种主客观因素的影响，难免出现误差，这时就需要企业的库存来缓冲这个误差可能给企业造成的经济损失。如果企业保持有一定量的库存，那么在这种情况下就可以发挥作用，弥补因为误差而产生的产品缺口，保证经营活动得以顺利进行。此外，企业保持一定量的库存亦可以在客户下订单之后及时发货，缩短了客户订货的提前期，不仅提高了客户满意度，也提高了企业的经营效率。

4. 降低物流成本

企业保持一定量的库存对于降低物流成本也具有一定的意义。在产品的销售过程中，难免会出现由于上游供应商原材料供应不及时而引起紧急订货的情况，这样物流成本就会大幅增加。因此，如果企业可以持有一定量的库存，那么

就可以避免这种情况的出现，减少不必要的成本支出。同时，企业保持一定的库存也能避免下游销售商由于销售波动进行临时订货而增加的物流成本的情况。

二、供应链系统下采购库存控制的具体方法

（一）快速响应

快速响应（Quick Response，QR）是指供应链中的企业面对多品种、小批量的买方市场，不是储备了“产品”，而是准备了各种“要素”，在用户提出需求时，能以最快速度抽取“要素”，及时“组装”，提供所需要的产品或服务。[①] 快速响应方法最早出现在美国纺织服装业。快速响应对零售商和供应商的要求是，两者必须一起工作，通过共享信息来进行产品未来的需求预测，并且要求零售商和供应商在合作的过程中不断寻求新的发展机会，以达到对客户需求的最快反应。快速响应实行的目的是减少从原材料到销售阶段期间内供应链上的库存，从而实现降低供应链库存成本的目标，切实提高供应链管理的效率。

1. 快速响应的作用

信息技术的发展为物流效率的提高创造了条件，而减少了传统上按预期的客户需求进行过度库存的情况。快速响应把供应链管理的重点从根据预测和对存货储备的预期转移到提高运输效率上来。目前，大部分零售商都采用了快速响应方法来提高自身的竞争力。随着零售商和供应商结成供应链战略联盟，竞争方式也从企业与企业间的竞争转变为供应链联盟与供应链联盟之间的竞争。

2. 快速响应的实施步骤

快速响应在实践过程中共分为三个步骤。

（1）对所有的商品单元条码化，利用 EDI 技术传输订购单文档和发票文档。

（2）增加内部业务的处理功能，运用 EDI 技术传输更多包括发货、收货通知在内的文档。

（3）供应链管理体系中的伙伴加强合作，采用联合策略对客户的需求做出及

① 胡辉辉 . 日照钢铁公司市场快速响应机制研究 [D]. 天津：河北工业大学，2012.

时的回应。

3. 快速响应成功的条件

除了按照上述的实施步骤进行操作之外，要保证快速响应的成功，还需要以下五个条件。

（1）创新运营方式和经营理念，完善组织结构，提高组织效率，消除因重复作业带来的成本增加和效率降低，优化分工模式。

（2）开发和应用现代信息处理技术。通过利用信息技术，实现作业的无纸化和自动化，以利于整个供应链的管理效率以及供应链上各企业经营效率的提高。

（3）供应链内部各方应加强合作，建立起密切的合作关系，通过共享资源提高经营效率。

（4）改变传统对信息保密的做法，加强供应链内部各方的信息共享，包括销售信息、库存信息、生产信息、成本信息等。此外，各合作伙伴应该一起发现、分析、研究和解决问题。

（5）缩短产品生产周期，减少库存。企业可以采取多品种、少批量的生产方法来降低库存数量，还可以通过多频次派送的方式来提高服务水平，减少不必要的库存。

（二）连续补货

连续补货（Continuous Replenishment，CR）是指利用及时、准确的销售时点信息确定已销售的产品数量，根据批发商或零售商的库存信息和预先规定的库存补充程序确定发货补充数量与配送时间。连续补货是对快速响应的改进，是一种供应链物流系统下的高效管理运营模式。具体来说，连续补货就是指供应商和企业之间建立长期伙伴关系，供应商根据企业每天提供的库存信息和销售数据，给用户提供补货。

1. 连续补货的建立

在 20 世纪 50 年代之前，补货活动基本上以传统的方式进行，还没有企业或个人发掘出潜在的补货机制的可能性。到了 20 世纪后期，随着计算机技术的迅猛发展，贸易全球化和经济一体化的进程也在迅速加快，而供应链系统中逐渐凸显出综合服务的作用来，综合服务不仅强调专业化、系统化，而且强调信息化、网络化，这样的理念不断地渗入供应链管理活动的各个环节，这些新兴理念的诞生以及供应链系统中新兴服务品种的产生都对连续补货提出了更高的要求。

2. 连续补货的发展

随着连续补货出现新的理念和发展方向，连续补货的机制也在快速进步，涵盖的技术方法多种多样，包括全面质量管理、准时制工作法、业务流程重组、企业资源计划、供应链管理、客户关系管理、电子商务、供应商管理库存、联合库存、敏捷管理、柔性化管理、高效客户反应、通信宽带技术、无线技术、空间定位技术等，以及信息管理技术的广泛应用。值得一提的是，随着供应链管理机制的不断完善，识别技术、数据仓库技术等也得到了长足的进步，这些技术的进步和手段的施行都为连续补货创造了更广阔的发展前景。

3. 连续补货的实际运用

沃尔玛公司的补货策略对连续补货是一个很好的诠释。沃尔玛公司对每一种商品都制定了安全库存水平，一旦有商品的库存量低于安全库存水平，沃尔玛的计算机系统就会立刻通过网络向供应商要求补货。同时，沃尔玛店铺近期的销售记录也可以反过来帮助供应商分析出各种产品的销售趋势，供应商以库存数据为基础，兼顾物流成本，确定向沃尔玛提供补货的时间和方式。

（三）供应商管理库存方法

供应商管理库存（Vendor Managed Inventory，VMI）方法，是一种将掌握零售商销售信息和库存数据作为市场需求预测与库存补货的库存管理方案。供应商由于掌握销售信息而能及时了解消费需求信息，从而可以更快速、有效地对市场变化以及消费者需求做出反应。VMI 最早在 1958 年被提出，是连续补货的延伸。

VMI 的系统构造如图 2–5 所示。

由于在这个库存管理过程中，企业和供应商分享了销售信息和库存数据，因此二者都可以对市场需求的变化和消费者的需求及时做出反应，改善需求预测以及补货计划。

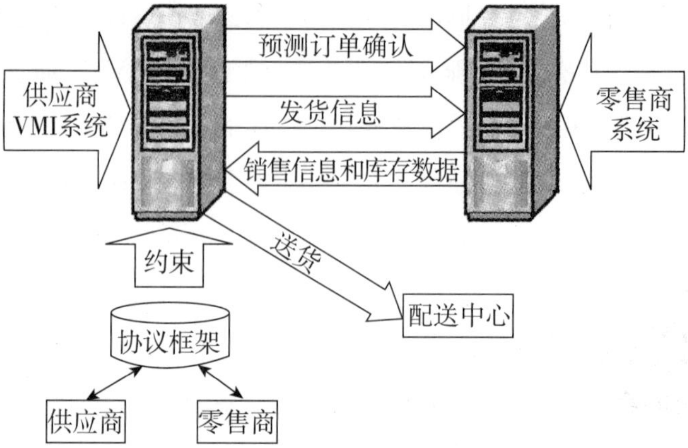

图 2-5　VMI 的系统构造

1. VMI 的实施原则

在实施 VMI 的过程中，要注意遵循以下原则。

（1）合作互利原则。合作互利原则是指在实施 VMI 的过程中，供应商和企业要有合作精神，相互信任，尽最大努力做到信息透明，决策的选择要以双方共赢为基础，这样才能维持长久和谐的合作关系，并让双方都从中获利。

（2）双方成本最小原则。VMI 的目标不是将成本推卸给对方，而是怎样降低双方总成本，因此，实施 VMI 的过程中要时刻注意以此为原则，通过 VMI 使双方成本都得到降低，实现总成本的最优化。

（3）目标一致性原则。目标一致性原则就是指合作双方要在明确各自责任的同时，达成一致的目标，并一起进行有关库存方案、库存成本等的决策。这些问题一般都会体现在框架协议中。

（4）连续改进原则。连续改进原则就是指供需双方能共享利益、消除浪费。

2. VMI 的实施步骤

（1）建立企业情报信息系统。建立企业信息的数据库系统，对于供应商管理销售库存至关重要，通过这一系统，能够使供应商准确把握产品的销售情况以及顾客对企业产品的态度和反应。从而更准确地进行需求预测和库存管理，并且科学整合由分销商进行的需求预测，进而提高双方的合作效率和合作深度。

（2）建立销售网络管理系统。产品经过仓库不断地流入、流出，如何保证仓库的物流能保持在一个相对平衡与稳定的状态需要供应商对库存进行合理的规划和管理，而企业对仓库物流进行调节和管理的前提就是完善的销售网络与供货渠道。另外，为了保证仓库货物流转的效率应该逐步实现仓库作业的自动化，为了完成这一目标企业必须解决三个方面的问题：产品条码的可读性和唯一性，产品分类、编码的标准化问题，商品存储运输过程中的识别问题。

制造资源计划系统和企业资源计划系统是目前最流行的两种企业资源规划与开发系统，这两个软件系统不仅能够对企业的资源计划进行分析与规划，还能通过对数据信息的分析与研究将企业销售和物流集中到了一起，都集成了销售管理的功能。通过这些系统，企业可以尽可能地拓展它们的业务。

（3）建立供应商与企业的合作框架协议。建立供应商与企业的合作框架协议就是要求企业和供应商应该就订单处理模式、库存控制参数等问题通过协商来进行决策。

（4）变革组织结构。企业组织机构的变革也是 VMI 能够施行的一个重要因素，这是因为 VMI 的思路和方法与传统的仓库管理有着很大的差别，一些原有的组织机构在 VMI 中已经失去了存在的意义。当然，在 VMI 中有些功能的实现需要设置新的企业部门，这时我们应该根据企业的实际状况合理地推进，或者对某些原有部门进行改造使其能够承担 VMI 的工作责任和内容。

3. VMI 的主要方法

实施 VMI 的方法主要包括自动库存补给法、共同管理库存法、供应商管理库存法以及制造商管理库存法等。

（1）自动库存补给法。自动库存补给法一般适用于制造业以及包含多种功能和低价值商品的工程。自动库存补给法通过供应商和采购商对特殊商品的配送数量、固定的仓库地点达成一致来实现，这就要求供应商和采购商彼此处于高度的信任状态。值得注意的是，在使用这种方法时，要处理好采购商的控制能力、有效性与供应商的反应能力、行动能力之间的平衡和协调关系。自动库存补给法的目的是提高订货和补货过程中的效率，给予供应商更大的自由来应对采购商的需求。

（2）共同管理库存法。共同管理库存法是指由供应商在采购商所在地点建立仓库，并且由供应商进行需求预测和决定补货的数量。同样，共同管理库存法也需要供应商和采购商双方签订框架协议来保证安排的稳定性，协议中应该约定双方的责任范围、合作关系的性质和各种约定方案的描述等内容。

共同管理库存法给企业带来了三大好处：一是能保持较低的存货水平，二是可以减少缺货的风险，三是增加了支付方式。但是它也要求供应商和采购商必须相互信任、共享资源。

（3）供应商管理库存法。供应商管理库存法是指供应商和采购商在进行合作时，由采购商决定交付货物的方式，而由供应商决定管理库存的方法。供应商管理库存法以双方的密切合作为基础，这种方式给第一层的供应商、分销商和零售商带来了极大的好处。目前这种方法在我国的快消品供应链中普遍存在。

（4）制造商管理库存法。制造商管理库存法是指零售商授予制造商一定的管理权来对零售商的物流中心和仓库进行管理，但是这些被管理的物流中心或仓库的所有权仍然归零售商所有。由于这种方法不需要零售商和制造商就每一笔交易进行谈判，因此大大缩短了商品从订货、进货、检验、保管、分拣、备货，到销售整个业务流程的时间，加快了整个供应链的效率。

4. VMI 的优势

VMI 不仅降低了供应链的库存管理成本，而且提供给用户高效的服务，优势明显。实施 VMI 的优势主要包括以下几个方面。

（1）省去销售商众多不必要的订货环节，提高了销售商的工作效率和服务水平。

（2）通过拥有库存并对其进行有效管理，供应商可以及时地对各个零售商的生产和配送进行协调。

（3）供应商由于掌握了大量的销售数据，因此可以提高需求预测的准确性。同时，由于供应商掌握了这些销售数据，可以对库存数量进行相应的调整，减少不必要的库存管理成本。

（4）在 VMI 模式中，供应商可以直接同下游经销商进行接触和沟通，因此能更快地对用户需求做出反应，提高服务质量，降低了用户的库存管理成本。

（5）VMI 可以大大缩短供需双方的交易时间，从而提高上游企业对生产经营活动的管理效率，并能更好地满足用户需求，最终促进整条供应链柔性指数的提高。

5. VMI 的局限性

虽然 VMI 具有很多优势，但是也不可避免地存在一定的局限性，主要体现在以下几个方面。

（1）在 VMI 模式中，供应商和零售商的合作水平始终有限。

（2）VMI 要求合作双方有相当程度的互信，而在现实生活中却很难实现。

（3）在 VMI 中，供应商处于框架协议的主导地位，因此对于零售商来说，其实并没有实现真正的完全公平。

（4）虽然实施 VMI 可以降低库存管理的总成本，但是由于供应商主要承担着运输费用和库存费用等，因此，VMI 模式只是把风险转嫁给了供应商，是一种"责任倒置"的库存管理方法。

（四）联合库存管理方法

联合库存管理（Jointly Managed Inventory，JMI）是指由供应链上的每一个成员企业共同参与库存计划的制订。可以说，VMI 是 JMI 的基础。JMI 的目的是督促供应链上各方在制订库存计划时将相互之间的协调性纳入考虑，避免因为需求变异的放大而产生冲突和矛盾，实现供应链上每相邻两个节点之间的需求的一致性。

JMI 的基本模型如图 2-6 所示。

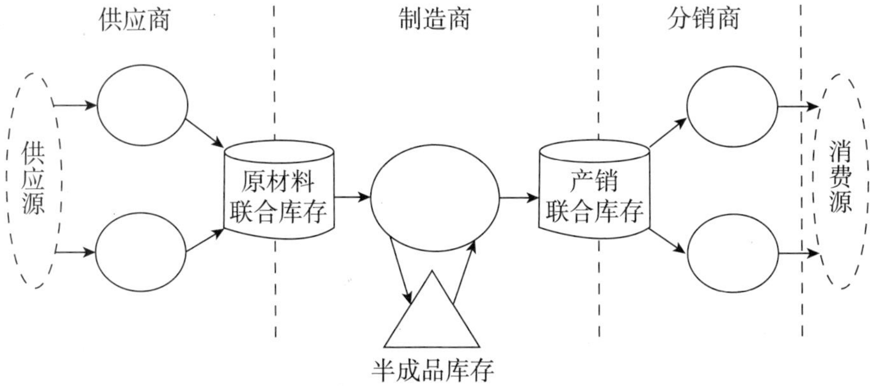

图 2-6　JMI 的基本模型

1. JMI 的基本思路

JMI 的出现是为了避免在传统库存管理方法中存在的牛鞭效应以及存在于 VMI 模式中的局限性，它是一种由上游企业和下游企业共同承担风险与责任的库存管理方法。采用 JMI 模式的库存管理不再是各企业独立运作的过程，而是一个将供应链上各企业和各节点连接在一起的协调运作过程。

2. JMI 的实施步骤

JMI 在具体实施中，主要包括以下几个操作步骤。

（1）建立供需协调管理机制。建立供需协调管理机制就是协调供应链上各个成员企业的利益关系，明确企业各自的责任范围，相互沟通协作。建立供需协调管理机制可从以下四个角度努力。

①建立共同合作目标。明确供需双方的各自目标，分析共同点和差异，通过协商，促进供需双方在合作目标上达成一致。共同合作目标主要包括用户满意度、利润增长、风险降低等内容。

②制定联合库存协调控制办法。通过成立联合库存管理中心，协调商议出优化库存的办法。制定联合库存协调控制办法主要包括协调多个需求商、确定库存上限和下限、确定安全库存、进行需求预测，等等。

③建立信息沟通渠道。在企业之间建立信息沟通渠道，就可以大大避免因多次预测而导致信息混乱的情况，提高供应链系统信息的及时性和准确性，从而大大提高整个供应链的工作效率。建立信息沟通渠道，要将条码技术、扫描技术、POS 系统和 EDI 技术集成起来，利用互联网的优势，保持整个供应链信息需求的一致性，为供需双方提供畅通的信息沟通平台。

④形成利益分配机制和激励机制。建立利益分配制度对利益进行合理的分配，有助于联合库存管理系统的顺畅运行；建立激励机制对参与到库存管理体系中的各个企业进行一定的激励，则能有效促进供应链上各方之间的协作和平衡。

（2）建立快速响应系统。通过建立快速响应系统，大大缩短供应链整个过程的时间，减少从原材料到用户之间的库存量，提高供应链的运作效率。

（3）发挥第三方物流系统的作用。第三方物流系统是集成供应链的一种方式，又可以称为物流服务提供者，主要作用是给用户提高包括产品运输、订单选择等在内的多种服务。

JMI 的系统构造如图 2-7 所示。

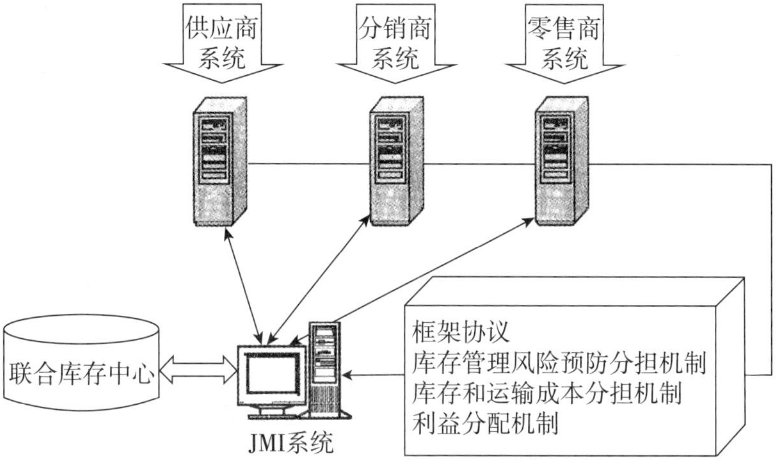

图 2-7 JMI 的系统构造

3. JMI 的优势

JMI 的优势体现在以下四个方面。

（1）信息优势。通过建立 JMI 模式，企业之间的库存信息得以共享和交流，形成了一种战略性的合作伙伴关系，这不仅能保证市场需求信息在上游企业与下游企业之间的流通，还可以使供应链上各企业的经营活动围绕用户需求进行，不产生不必要的经营成本。

（2）成本优势。由于 JMI 模式实现了从分销商到供应商各个环节在库存管理方面的统一性，因此，供应链上的各方都可以实现准时采购。实现准时采购帮助各企业减少了库存量，提高了库存周转效率，缩短了订货提前期和交货提前期，降低了企业的采购成本。

（3）物流优势。物流优势是指由于 JMI 模式要求供应链上的各方共同参与库存管理，因此避免了因多重预测而出现的需求预测混乱的情况。这样的优势保证了供应链的一体化管理，在促进了供应链的运作效率的同时也减少了因预测误差带来的风险，能够有效消除牛鞭效应和库存过高的现象。

（4）战略联盟优势。JMI 模式的战略联盟优势是指由于 JMI 的实施以各方之间互相信任为前提和基础，因此制造商、分销商以及供应商其实是站在一个阵营里的，因此，各企业之间通过 JMI 的运作加强了交流和合作。JMI 模式的实施还能保证由库存管理而带来的企业间合作模式不会轻易地被竞争者模仿，提高了企业的竞争力。

（五）多级库存优化与控制

多级库存优化与控制主要以淡季库存控制为基础，通过配置方式的差异，这种库存控制方法能够产生多种系统，主要涵盖了并行系统、树形系统、串行系统、纯组装系统、无回路系统和一般系统等。

多级库存优化与控制主要包括中心化库存控制和非中心化库存控制两种模式。这两种控制模式成立的基础是以控制成本为前提。从实质来说，多级库存优化与控制就是确定库存控制的相关参数，涉及以下三个内容：库存检查期、订货点以及订货量。目前的多级库存优化与控制方法已经开始关注整个供应链上的状况了，不仅涉及供应链下游部分，也牵涉到供应链上游部分。优化总的库存成本，大大降低其系数是多级库存优化与控制的总体目标。多级库存优化与控制示意如图 2–8 所示。

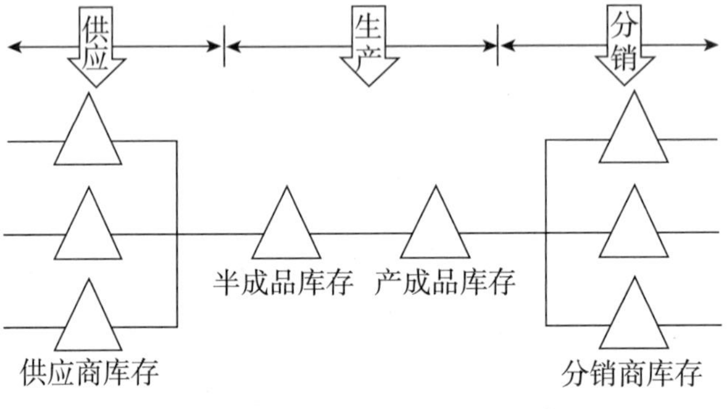

图 2–8　多级库存优化与控制示意

1. 中心化库存控制模式

所谓中心化库存控制模式，是指以制造商为核心企业作为库存控制的中心点，全面对供应链系统上的库存进行管理和控制，充分发挥出协调供应链上下游库存的作用。也就是说，核心企业处于整个中心化库存控制模型的中心环节，整条供应链上的数据主要集中在核心企业。由此看来继承数据和协调的功能是核心企业所必须承担的。利用中心化库存控制模式，能够同时确定供应链上所有企业库存的控制参数，这不仅是考虑各企业相互协调关系之后的结果，更能有效地促进各企业的库存优化。但是中心化库存控制模式也存在一定的缺陷，就是在管理上有相当大的难度，尤其是当供应链上节点很多时，协调控制的难度就更加明显。中心化库存控制模式示意如图 2-9 所示。

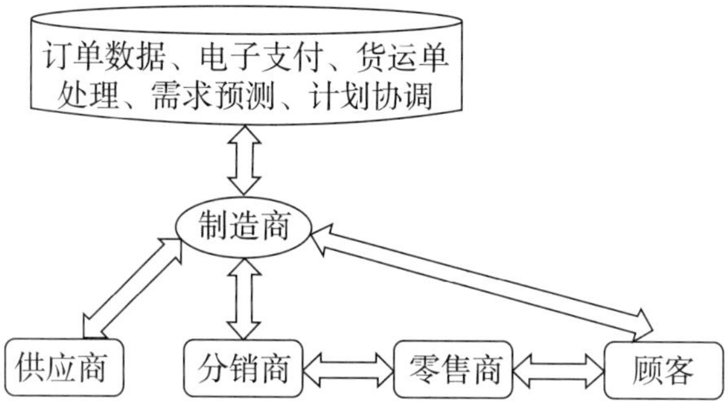

图 2-9　中心化库存控制模式示意

使用中心化库存控制是为了降低整条供应链的总成本。供应链的层次会随着用户或者供应商的增加而无限制丰富下去，因此可以将供应链看作一个多层次的网络模型，层级依次划分，可分为一级供应商、二级供应商……*n* 级供应商等。

2. 非中心化库存控制模式

将供应链的库存控制从整体上划分开来，形成零售商成本中心、分销商成本中心和制造商成本中心三个部分，然后每个中心根据各自的实际情况制定优化库存成本的控制策略，这就是所谓非中心化库存控制模式。非中心化库存控制模式在管理上相对较为容易，但是由于每个中心制定控制策略的目标都是保证本中心的库存成本优化，因此要想达到整个供应链的库存成本最优化，就必须使各个部门或企业都能做到市场信息及时交流和共享。非中心化库存控制模式示意如图 2-10 所示。

通过实施非中心化库存控制模式，企业可以根据自身的情况以及市场的需求情况及时调整企业决策，有助于发挥企业自身的自主性和灵活性。

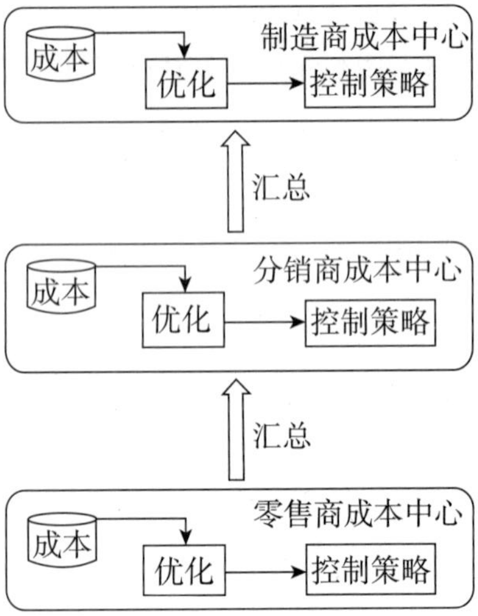

图 2-10　非中心化库存控制模式示意

（六）协同式供应链库存管理

协同式供应链库存管理是指协同规划、预测和补给（Collaborative Planning, Forecasting & Replenishment，CPFR），是一种由供应商管理库存方法发展而来的新的管理技术，首次出现在 20 世纪 90 年代末。优化库存管理始终是 CPFR 的核心目标，它的主要目的是从整体利益考虑，制订并实施计划，统一管理整个市场供应链的库存。除此之外，整个供应链上其他方面也是 CPFR 的管理目标。采用 CPFR 库存管理模式有助于减少销售商的库存量，提高供应商的销售额，帮助供销双方同时获得利益，并且及时、准确地预测因为各项促销活动或不确定性变化导致的需求变动，也使得销售商和供应商在库存管理中掌握更多有效信息，赢得主动。

1. CPFR 的业务数据处理

CPFR 采用特有的 CPFR 服务器来进行业务数据的处理。CPFR 服务器的管理和维护由供应链当中的核心企业负责。供应链上每一个企业都可以参与到 CPFR 系统中来，与服务器通过网络进行连接。对于供应链上的小企业来说，加入 CPFR 系统的好处在于不必承担开发和维护的责任。

合作伙伴根据分销商业务计划、制造商业务计划和供应商业务计划，达成合作协议，创建共同业务计划，这些业务计划是整个 CPFR 系统活动的基础。零售商不断汇总来自销售终端的产品销售量，根据这些信息和数据进行商品的需求预测，之后 CPFR 服务器再对这些传输数据进行分析。同样，分销商也要形成分销中心数据，分类汇总来自多个分销商的商品需求，依据库存情况判断分销中心商品需求，也把数据传输给 CPFR 系统。CPFR 业务数据的处理过程大致如图 2-11 所示。

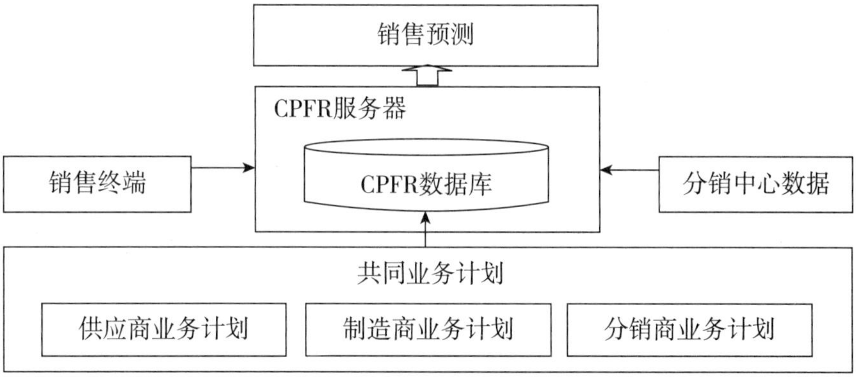

图 2-11　CPFR 业务数据处理过程示意

2. CPFR 的供应链体系结构

以 CPFR 为概念基础建立的供应链体系结构共包括四部分的内容，如图 2-12 所示。

（1）决策层。其承担的主要职责是管理企业领导层，同时加强企业之间的协作联盟，帮助企业之间实现信息共享，制定联盟战略措施。

（2）运作层。其承担的主要职责是对运作的具体业务进行管理，包括联合计划的制订、共享需求的预测、合作企业能力的协调，此外，运作层还要共同承担业务的风险。

（3）内部管理层。其承担的主要职责是管理企业内部的运营状况，主要涉及产品的分类及其库存、市场营销、产品运营流程、物流以及对客户服务进行管理和控制。

（4）系统管理层。其承担的主要职责是管理供应链的支撑系统，同时加强管理供应链的环境并及时给予维护。

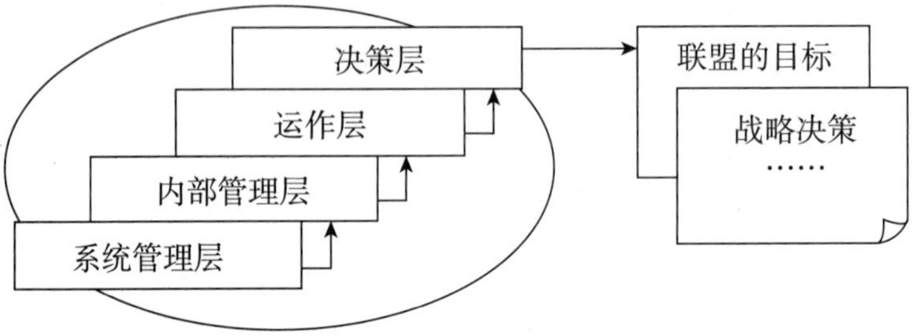

图 2-12　CPFR 的供应链体系结构

3. CPFR 的实施步骤

具体可以将 CPFR 的实施总结为九个步骤，分别是：制定框架协议、协同制订商务方案、制定销售预测报告、鉴别预测异常、协商解决异常、生成订单预测报告、鉴别预测异常、协商解决异常以及生成生产计划，如图 2-13 所示。

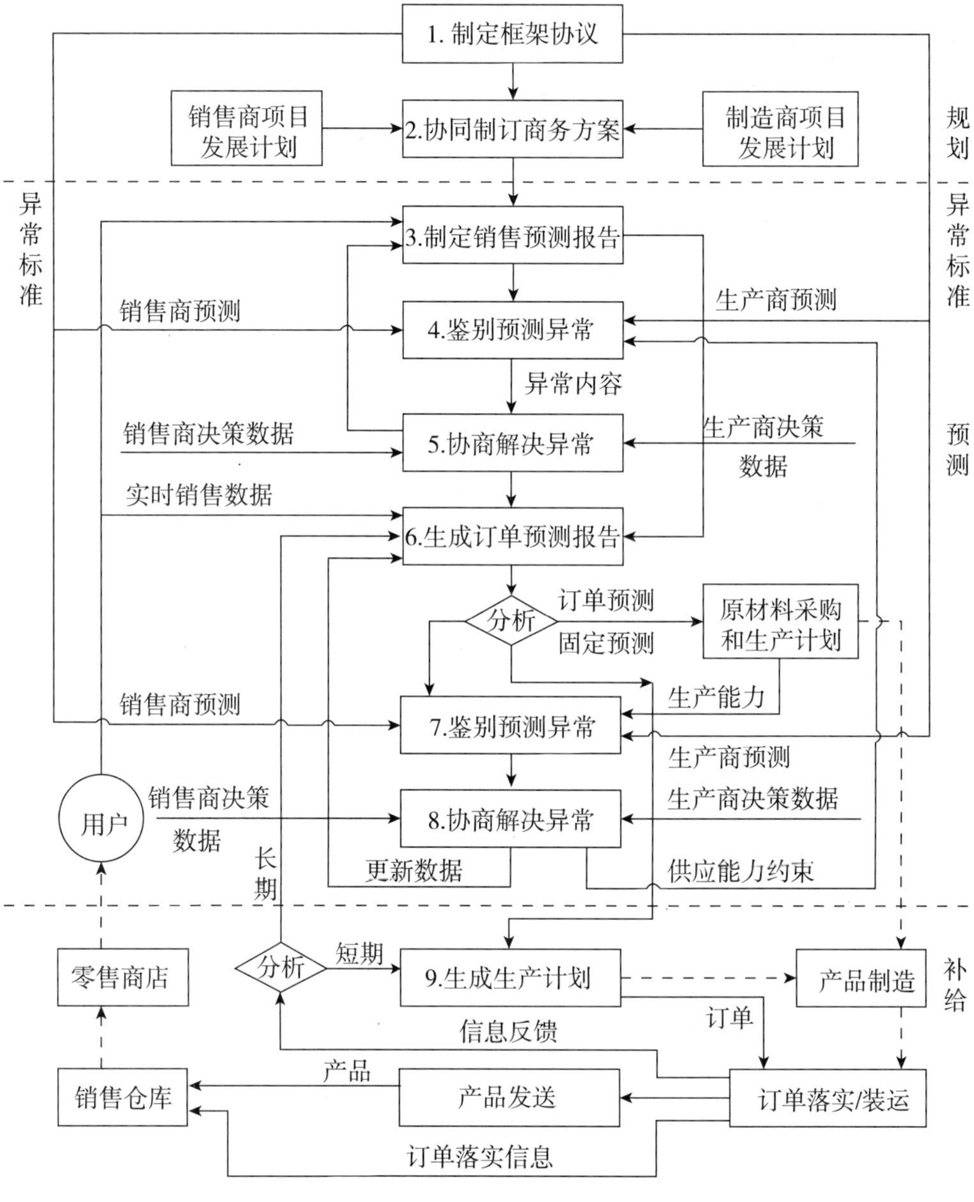

图 2-13 CPFR 的供应链运营模型

第五节　区块链下的供应链上游采购流程的设计

一、我国供应链上游采购环节中存在的问题

从物流的角度来看，采购是供应链上游的一个环节，即供应物流，它只有和中游的生产物流、下游的销售物流有效协同与衔接，才能实现供应链的竞争优势。所以，采购不等于供应链，它只是供应链的一个部分。只是采购离客户需求变化最远，又有多家供方企业需要协调，所以问题最容易在供应端爆发，这里往往是供应链最薄弱的一个环节，因此要管好供应链，就要先管好采购，采购对供应链管理有重要意义。目前，很多企业将重点放在了生产和研发上面，忽略了采购的重要性，想要确保整个供应链体系运作完善，针对供应链上游的采购环节是至关重要的。目前大部分企业采用自己的采购系统，虽然在一定程度上确保了信息不被泄露，却也暴露了很多弊端。首先，人工下单的方式，不能保证数据不会出错，即使审批环节较多，但也是人工进行审批；其次，采购环节较缓慢，从人工下单到层层审批到合同签订再到发货阶段，每一个阶段都是人工操作，那么不免有信息滞后性，从一个环节再到下一个环节，中间的时间无法保证；最后，数据一旦出错，那么修补环节也是很烦琐的，因为企业的系统具有严密性，一个合同对应一个订单，如果合同环节出错的话，订单也将跟着作废，那么就需要重新下单，重新审批，再走一遍流程，这样一来时间代价是巨大的，从而在供应链最开始的环节就已经存在滞后性。

二、供应链上游流程设计构想

（一）设计构想

为了避免上文所述的各种存在的问题，基于区块链下的上游采购环节的设

计，主要从供应链的上游出发，从企业采购原材料、生成产品信息和订单信息开始。此设计的目的是从一开始保证数据的唯一性，使后面的环节信息不能被篡改，保证流程顺利进行。

（二）具体设计流程

图 2–14 是区块链下的供应链上游采购流程的整体设计。

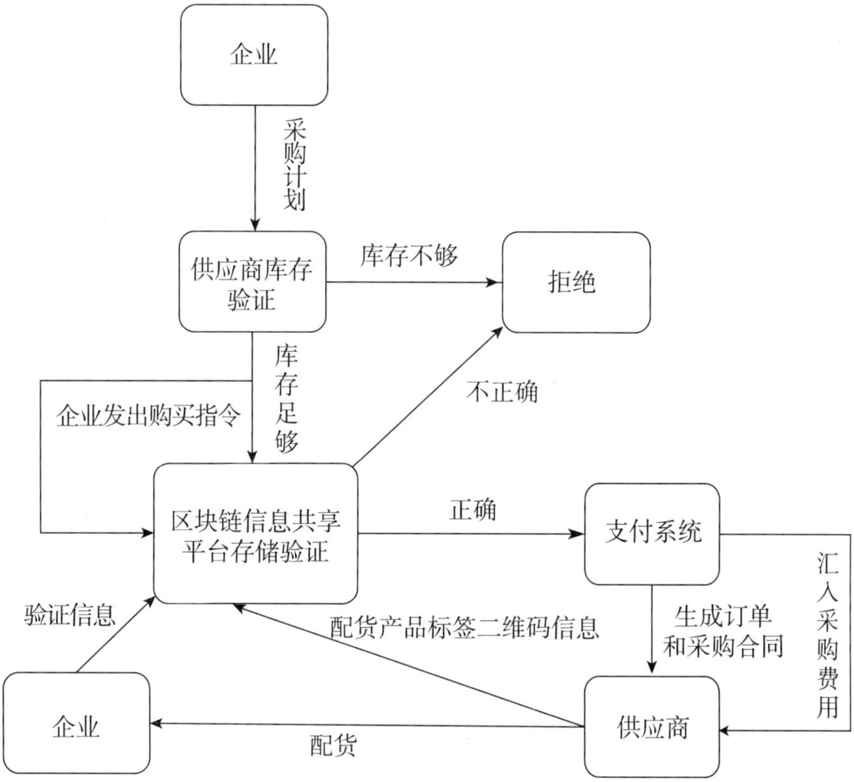

图 2–14 区块链下的供应链上游采购流程整体设计

如图 2–14 所示，第一步，企业会在它和供应商之间建立一个区块链信息共享平台，这个平台具有加密性，各个供应商之间不能够查看对方的产品资料、库存等，但各个供应商与企业之间的信息是共享的。当企业需要向供应商购买原料产品时，会在共享平台向供应商发出一个采购计划，由供应商验证库存后以确认采购计划是否能满足，经确认后录入区块链，并生成智能合约。

第二步，企业根据采购计划来执行智能合约，也就是正式下订单环节。如果在共享平台上录入信息与初始信息一致，则进行下一步；如果不一致，则返回上级重来。信息录入以后，共享平台会向企业发出支付请求。在一定时间内，企业需把采购原料产品的费用打入平台下的支付系统中，系统收到后会自动生成订单和采购合同，并发给供应商，在此会生成第二个智能合约。当最终收货与配送信息一致时，支付系统中的金额会自动进入供应商账户中。

第三步，供应商在收到订单和合同之后，需要将合同盖章回传给企业，表示合同生效。同时，供应商开始配货并安排发货。在此之前，供应商已经将每个产品贴上二维码并将二维码信息录入共享平台。在此过程中，企业将利用物联网传感器等设备对产品的仓储条件和运输过程进行实时监控，从而及时了解产品物流信息。

第四步，原料产品送达之后，由企业扫描二维码验证，并将信息录入共享平台，信息一致，则合约自动执行，金额自动汇入供应商账户；如果信息不一致，金额依旧在支付系统中等待下一步处理。

第三章

基于区块链的供应链物流管理

随着经济全球化步伐的加快，科学技术尤其是以互联网、物联网、大数据、云计算、区块链为代表的新一代信息技术、通信技术的快速发展和采用，不但强化了物流与供应链管理的全球化、集成化、敏捷化步伐，也促进了供应链电子化、智能化、绿色化的新趋势，新的物流与供应链管理模式不断涌现，如电子商务物流、绿色供应链、智慧供应链等，现代物流与供应链管理呈现出强劲的发展态势。

21 世纪的市场竞争由企业之间的竞争已然变成了供应链之间的竞争。物流管理作为现代供应链系统下的重要组成部分，不仅能够为整个供应链的顺利运行提供基础保障，还可以对采购、生产和营销等方面产生重要的影响。供应链管理模式下的物流管理是指利用供应链思想对供应链上物流活动的组织、计划、协调和控制进行实施与监管。在供应链管理模式下对物流进行管理的重点在于物流不再是一个独立的个体，而是应该通过协作和协调，建立起供应链上多企业之间的合作关系，从而达到让整条供应链上的企业共同受益的目的。

第一节　物流网络与供应链管理研究

供应链主要存在物流、信息流以及资金流三种形态，因此物流网络也就自然成了供应链管理中非常重要的组成部分。

一、物流网络设计

（一）物流网络的概念及内容

物流网络是由物流过程中相互联系的组织与设施组合而成的，一般包括供应商、仓库、物流中心和零售网点。一般来说，一个完整的供应链物流网络由以下几个子网络构成。

1. 供应物流网络

供应物流网络是企业为保证自身的生产活动能够正常、持续地进行而与供应商组成的网络。供应物流网络所要解决的是选择合适的供应商、实现快速的物资供应以及实行有效的库存管理等问题。

2. 生产物流网络

生产物流是指企业在生产过程中的物流活动。生产物流要解决的是生产流程如何安排、生产活动环节如何衔接等问题。生产物流网络的作用主要是做好企业生产过程中的物资流动及存储问题，这是传统的物流网络规划涉及的问题。

3. 销售物流网络

随着市场竞争的加剧和客户对物流服务要求的提高，企业需要以更高效的方式将产品交给用户，企业的销售物流日益成为企业在竞争中取胜的关键。销售物流网络所要解决的是以经济的送货方式、合理的运输线路将客户需要的产品按最佳的服务水平交给客户。

4. 逆向物流网络

逆向物流涉及回收物流、废弃物流和退货物流等内容。企业回收物流是对在生产、供应、销售活动中产生的各种边角余料、废料和退回产品进行回收的物流活动。回收物流要解决的是环保、浪费等方面的问题。回收物流网络的建设与前几种物流网络节点的设置往往是重叠的，设计的重点是回收物流流程的规划。废弃物流是指对企业排放的废弃物进行运输、装卸、处理等物流活动，避免资源的浪费和环境的污染等问题。退货物流则主要是处理退货相关的物流活动。

（二）物流网络规划

1. 物流网络规划要解决的问题

物流网络规划涉及的问题关系到生产工厂、物流中心（或仓库）和零售网点等物流节点。在物流网络规划中，通常需要解决以下关键性战略决策问题。

（1）物流中心（或仓库）的数量。

（2）物流中心（或仓库）的位置。

（3）物流中心（或仓库）的规模。

（4）目标客户。

在规划物流网络时，通常假设生产工厂和零售网点的位置不会改变。其目标是设计或重新配置物流网络，在满足服务水平的前提下，使系统的总成本降到最低。系统总成本包括生产成本、采购成本、库存成本、设施成本（储存、搬运等设施的固定成本）以及运输成本。在整个物流网络中，增加物流中心（或仓库）的数量一般会出现以下几种情况：①由于运输时间缩短，提高了服务水平；②由于安全库存增加，导致库存成本增加；③管理费用和运营成本增加；④出库运输成本下降，入库运输成本上升。因此，物流网络规划的重点就在于权衡以上情况。

2. 物流网络规划的步骤

在进行物流网络规划时，主要遵循以下步骤。

（1）确定物流网络规划的目标。在进行物流网络规划之前，首先要明确物流网络规划的目标，如是要降低成本，还是要提高物流的服务水平，要规划物流网络将来需要实现什么样的物流服务，具备多大的服务能力。为此，在进行物流网络规划之前，要确定以下两个问题。

第一，未来需求预测。物流网络规划是供应链战略层次上的决策问题，对供应链会产生较长期的影响，规划所确定的物流中心（或仓库）的数量、位置和规模对企业的影响至少可达 3 年。因此，在规划物流网络时需要预测未来的需求情况。

第二，服务水平预测。为了保证物流中心（或仓库）可以在合理的时间内为客户提供物流服务，通常，可以通过设定物流中心（或仓库）服务的半径来保证服务水平。因此，在规划物流网络时也需要预测客户所要的服务水平。

（2）数据的收集和整理。物流网络规划需要来自各方的大量数据作为决策的基础。具体来说，需要的信息包括以下内容：供应链各个成员的地理位置；所有产品的有关性质特征，包括数量、种类、是否需要特殊运输和存储条件等；某区域范围内的客户对于每一种产品的一段时间的需求预测；各种运输方式的成本；运输规模和配送频率；各候选物流中心（或仓库）的相关成本；订单处理成本，订单的频率、批量等。

（3）建立物流网络模型，得出优化解决方案。建立恰当的物流网络模型，找到最优的或者是满意的物流网络解决方案是物流网络规划的最终目标。

（三）物流设施选址方法

1. 单设施选址

在为单个设施选址时，最为常用的是重心法，即将总成本最低作为唯一的决策依据，属于一种静态的设施选址方法。在用重心法进行选址时，必须满足以下条件：运输费率为线性，运输路线为直线或基本按直线行进，忽略在不同地点选址可能产生的固定投资、劳动力成本、库存成本不同所引起的成本变动。具体的流程包括问题描述、确定模型的解法、算例得出最优的选址。

2. 多设施选址

单设施选址的情况在现实之中几乎很少见，一般多设施选址的情况会相对较多。多设施选址是指每一个节点企业的供应商和客户有很多，而且这些供应商和客户的位置相对比较分散，在这种情况下对物流设施进行的选址。所以仅仅对单设施的选址进行研究是不能解决现实问题的，大多数的物流设施选址研究是围绕着多设施选址展开的。具体的流程也是问题描述、确定模型的解法、算例得出最优的选址。

二、物流管理与供应链管理的区别和相互作用

（一）物流管理与供应链管理的区别

物流管理从属于供应链管理，且是其中非常重要的一部分，但是物流管理不能完全代表供应链管理，两者之间还是存在一定区别的，具体如下。

第一，在管理内容方面存在不同。供应链管理涉及产品从原材料采购到最后销售出去的全过程，而物流管理涉及的主要是原材料和零部件在生产过程中各个环节之间以及各企业之间的流动，不涉及产品的制造过程。

第二，二者涉及的价值有所不同。物流管理同供应链管理在产品的价值产生和增加的过程中扮演着不同的角色。其中，供应链管理涉及产成品从原材料制造到产成品整个过程的增值过程；而物流管理只涉及企业之间的价值流过程。

（二）物流管理在企业供应链管理中的作用

在传统的生产和采购模式下，物流管理对企业的生产起到的是一种支持作用，而随着现代企业生产方式的改变和生产理念、采购模式的改革，物流管理在企业运营的整个过程中的作用和地位也越来越凸显。物流管理必须具有与制造系统相当的能力，才能和制造系统相辅相成、共同发展，从而推动整条供应链的顺利运行。物流管理在当今的供应链管理中具体发挥了创造用户价值、降低用户成本，协调制造流程、提高企业反应速度，提供用户服务、建立企业形象、及时反馈信息、缓解供需矛盾等作用。

三、供应链管理模式下的物流管理

在供应链管理模式下，物流管理环境发生了变化，也显现出了新的特点。

（一）供应链管理模式下的物流管理环境的变化

供应链管理的思想产生于新的企业竞争变化中，是一种由竞争环境的改变而推动的企业管理模式的创新。从 20 世纪 70 年代到 21 世纪初，企业之间的竞

争从成本到质量再到交货时间，最后变成了反应速度的较量。各企业想要通过单一的企业管理模式在越发激烈的竞争中占有一席之地已经越来越难，而是需要通过不断提高自身的反应能力，随时应对市场和用户可能出现的变化，才能在激烈的竞争中站稳脚跟。

供应链管理模式就在这种大环境下应运而生。而在这种供应链的管理模式下，企业需要对整条供应链上的所有环节进行协调和控制，从而从传统的资源约束中解放出来，去开发新的竞争优势。在这种管理模式下，物流管理在整条供应链的运行中开始扮演越来越重要的角色，起到越来越重要的作用。总结来说，供应链管理模式下的物流管理环境的变化如表 3–1 所示。

表 3–1　供应链管理模式下的物流管理环境的变化

竞争需求	竞争特性	物流策略要素
对定制化产品的开发、制造和交货速度	敏捷性	通过畅通的运输通道快速完成交货
资源动态重组能力	合作性	通过互联网技术获得信息共享和知识支持
物流系统对变化的实时反应能力	柔性	多种形式的运输网络和多点信息获取途径
客户服务能力的要求	满意度	多样化的产品、亲和的服务、可靠的质量

（二）供应链管理模式下物流管理的主要特点

如图 3–1 所示，为供应链管理模式下的物流管理。

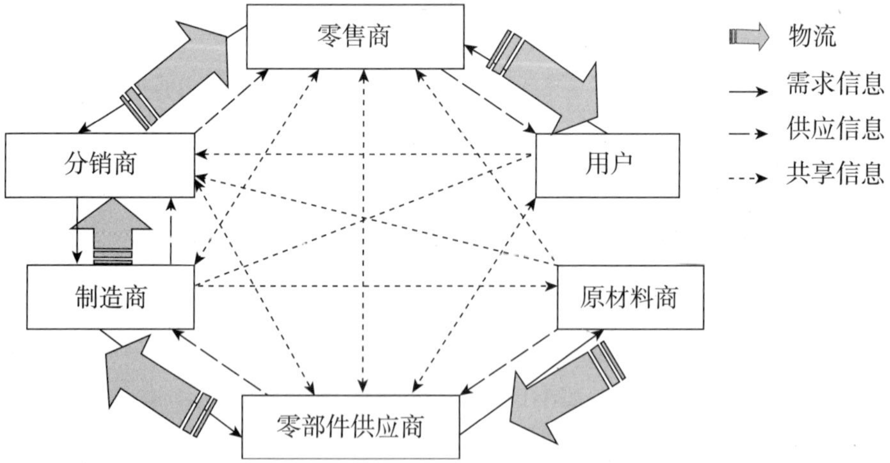

图 3–1　供应链管理模式下的物流管理

从图 3-1 可以看出，与传统的物流管理模式相比，在供应链管理模式下的物流管理中，信息流的比重得到了大幅增加。需求信息和反馈信息的传递也不再是逐级传递了。在这个物流管理系统中，需求信息、供应信息和共享信息由于充分运行都得到了合理的利用。具体来说，供应链管理模式下的物流管理的特点主要表现在以下几个方面。

第一，共享信息的增加。共享信息的增加对于供应链管理来说十分重要。信息的共享使得整条供应链上的所有企业都能及时获得关于市场需求及用户反馈等信息，并且所有企业都能随时掌握供应链的运行状况。供应链上每个环节的信息的共享和交流使得需求信息失真的现象得以最大限度地减少。

第二，物流网络规划能力的增强。物流网络规划能力的增强也是供应链管理模式下物流特征的一大体现。在供应链环境下对物流网络进行规划，要充分利用起第三方物流系统以及代理运输等方式来缓解库存的压力、提高库存安全水平、减少物流成本。①

第三，作业流程的快速重组。作业流程的重组是指在物流管理中消除对增加产品价值没有作用的环节和时间浪费，从而进一步降低物流成本，给供应链反应速度的提高和精细化的运作提供保障。

第四，跟踪信息能力的加强。跟踪信息能力的加强，能在很大程度上提高供应链物流系统的透明度，同时也给企业对物流过程进行实时监控提供了条件。

第五，合作性与协调性。合作性与协调性是供应链管理模式下物流管理的一大重要特征。物流系统的无缝连接是协调性和合作性发挥作用的重要前提，因为只有实现无缝连接，供应商的产品才能及时送达客户手中，客户的需求才能得到及时的满足。

第六，灵活多样的物流服务。在供应链管理模式下，物流系统提供的服务越来越多样和灵活，这个特征满足了不同客户的不同需求，提高了客户对物流服务的满意度。通过信息的共享，企业可以及时获得来自供应商和运输部门的关于客户需求的反馈信息，从而调整产品和服务项目，提高企业对市场和客户特殊需求的反应能力。

① 宋家山 . 安徽中烟供应链管理环境中卷烟材料采购实证研究 [D]. 南京：南京理工大学，2004.

四、企业供应链管理与物流管理的相互融合

与传统的物流管理在意义和方法上存在巨大差异，供应链管理模式下的物流管理为了适应企业经营思想的转变，将新的经营思想付诸实践，在实现供应链上各企业之间的同步运行的同时，提高快速响应市场的能力，企业应从实现快速准时交货，实现低成本准时的物资采购，实现物流信息的准确传达、信息反馈和共享，实现供需协调，实现物流系统的灵活性与敏捷性等方面进行努力。

具体来说，供应链环境下的管理与物流管理之间的融合主要表现在与供应商的合作和内外物流的结合两个方面。

企业同供应商之间拓宽合作范围，提高合作效率，有助于市场和客户信息的传达与共享，从而在整条供应链上形成一个完整的管理模式，加强整条供应链上所有企业的联系，从而实现供应链管理的基本出发点——共同规划，并给企业提高自身竞争实力提供基础。

在供应链管理模式下，对物流实行内外物流并行的管理方式就是将物流活动看作一个由原材料采购、生产、分配、销售、产品到达客户多个环节环环相扣的有机整体。这种管理方式主要通过对供应商和客户进行整体的供应运作，来实现信息流和物流的最优化。

第二节　物流系统选择决策

系统是指为了达到某种目的，由若干构成要素相互结合而形成的有机复合体。物流活动的目的是以最低的成本给客户提供最满意的产品和服务，因此构建物流系统的目的就是以最少的费用，提供最好的物流服务。企业在进行物流系统的选择时，应该以自身的条件为基础，参考多方面因素，慎重选择物流系统模式，以实现企业市场竞争力的提高。

一、构建物流系统的基本知识

（一）构建物流系统的目的

构建物流系统的目的总结来说主要包括以下几个方面。

（1）按照交货时间规定将客户所需产品或服务送达客户手中。

（2）尽量避免出现客户所需商品的订货断档问题。

（3）建立物流中心（或仓库），提高运输效率，维持适当的产品库存量。

（4）实现物流系统中运输、仓储、搬运、包装等作业流程效率的提高，实现作业流程省力化。

（5）保证订货、出货、配送信息得到及时传递和反馈。

（6）尽可能地降低物流成本。

（二）物流系统的组成

物流系统主要由两个部分组成，一是物流作业系统，二是物流信息系统。

1. 物流作业系统

物流作业系统是指在物流管理中所有的作业流程，包括运输、保管、搬运、包装、流通加工等。物流作业系统的改善就是要借助先进技能的帮助，尽可能地提高这些作业流程的工作效率，实现生产据点、物流据点、运输路线、配送路线以及运输手段等的网络化与优化。

2. 物流信息系统

物流信息系统包括物流管理中所有流程需要的信息，从订货需求信息、进货信息到库存信息和出货信息，等等。优化物流信息系统就是在保证订货、进货、库存、出货等流程的信息通畅的基础上，实现通信据点、通信线路、通信手段等的网络化和优化，从而为提高物流效率提供支持。

（三）物流系统决策程序

图 3–2 是进行物流系统的决策时应该遵循的程序。

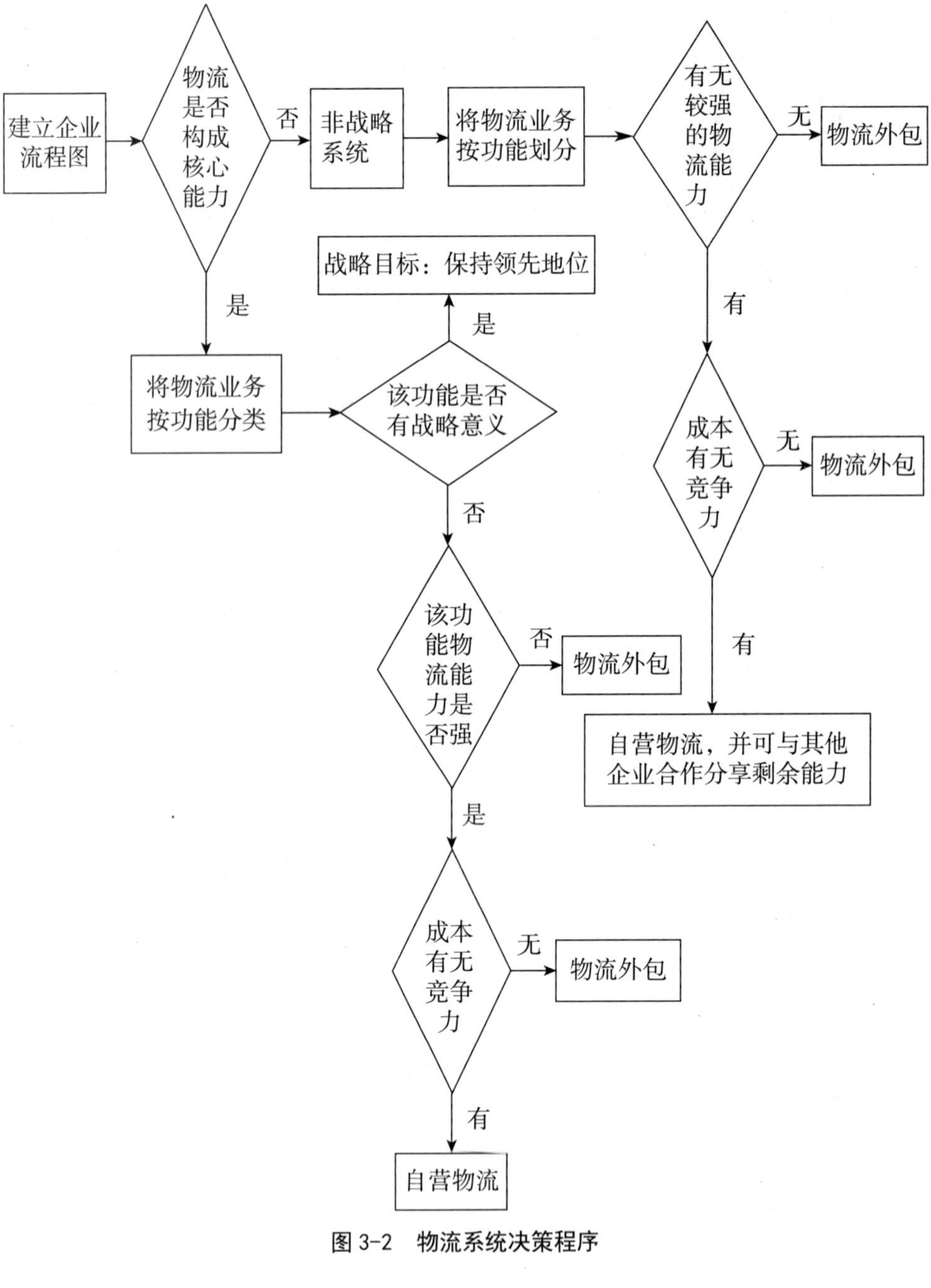

图 3-2　物流系统决策程序

二、影响物流系统选择的因素

下面介绍几个对物流系统的决策起到关键作用的因素。

（一）物流和企业之间的相互影响

物流和企业之间的相互影响表现在企业的物流管理能力以及物流对企业成功的重要性作用，这两者都是影响企业选择物流模式的重要因素。如图 3–3 所示，显示出了两者之间的关系对决策的影响。

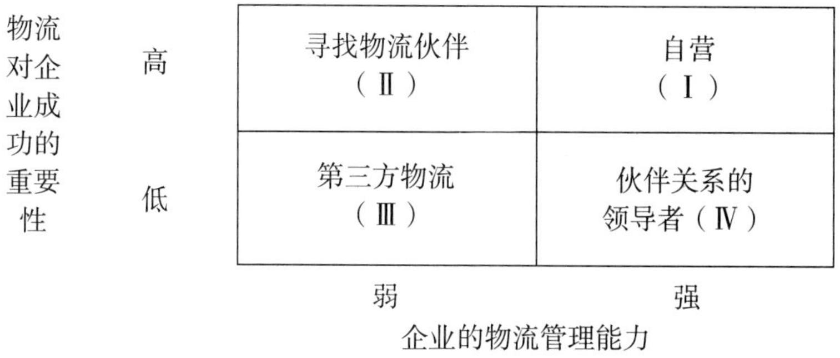

图 3–3　决策状态

1. Ⅰ类企业

对于Ⅰ类企业来说，它们的物流管理在企业经营战略中占有重要地位，且本身拥有较强的物流管理能力，那么它们就可以选择自营的物流模式。

2. Ⅱ类企业

从图 3–3 中可以看出，对于Ⅱ类企业，物流在企业经营战略中占据主要地位，但是自身却没有很强的物流管理能力，因此，它们需要寻找物流伙伴。通过寻找物流伙伴，这些企业可以在物流设施、运输能力等方面得到很大的提升。

3. Ⅲ类企业

对于Ⅲ类企业来说，它们的物流管理在企业整体运营战略中的分量不大，且自身也不具备充分的物流管理能力，因而可以选择采用第三方物流的方式来降低企业的物流成本，同时提高物流的服务水平。

4. Ⅳ类企业

而对于Ⅳ类企业来说，它们的物流管理在企业的整体经营战略中并不占有重要地位，但是物流管理能力却很强，它们就可以选择合作伙伴共享它们的物流管理能力，并成为伙伴关系的领导者，通过增加运输量来获得规模效益。

（二）企业对物流控制力的要求和企业产品自身的物流特点

1. 企业对物流控制力的要求

一般情况下，企业根据自身所处行业的不同，对物流的控制力也会表现出不同的要求。通常在竞争激烈的行业中，企业对物流的控制力要求都会较高，在这种情况下，企业通常会采用自营物流的模式，来加强对渠道或供应链过程的控制。

2. 企业产品自身的物流特点

企业生产或最终制造的产品的自身特点也对企业选择物流系统产生着重要影响。一般情况下，根据产品特点的不同，企业选择的物流系统可以存在以下几种。[①]

（1）大宗工业品原料的回运过程以及鲜活产品的分销过程尽量选择固定的专业物流企业进行短渠道运输。

（2）远距离的全球市场范围内的分销适宜选择地区性的专业物流企业负责产品的运输。

（3）产品线较为单一的供应链适宜在龙头企业的统一调度下采用自营物流的模式。

（4）技术性较强的产品的物流运输适合采用委托代理的方式。

（5）对于非标准设备的制造商企业来说，适宜选择专业的物流企业进行产品的运输和分销。

（三）企业自身的规模和实力

企业自身的规模和实力也是影响企业选择物流系统的重要因素。通常情况下，大中型企业由于实力较雄厚，有资本建立自己的物流系统，因此通常会选择自营物流。而对于一些规模较小的企业，它们的企业规模小、业务范围窄且资本有限，不能花费足够的人力、物力和财力在物流管理上，因此通常会选择第三方物流企业进行代理。

---

① 杨漾．中小型企业物流业务模式的选择 [D]. 南京：南京农业大学，2009.

（四）物流系统的总成本

物流系统总成本的计算公式具体如下：

$$D = T + S + L + F_W + V_W + P + C$$

式中，D 表示物流系统的总成本，T、S、L、F_W、V_W、P 及 C 分别代表的是物流系统中的总运输成本、库存维持费用、批量成本、固定仓储费用、变动仓储费用、订单处理和信息费用及客户服务费用。

这些成本之间存在着“二律背反”的现象，例如，减少仓库货物数量时，会带来库存维持费用和仓储费用的降低，但同时会由于运输距离和运输次数的增加而使得运输成本上升。因此，在选择物流系统时，一定要对所有的成本因素进行综合考量，不要因小失大。

三、一体化物流系统

在 20 世纪末，构建一体化的物流系统成为最具影响力的物流趋势之一。一体化物流系统是指不同的企业或职能部门之间为了达到降低物流成本、提高物流效率、满足客户需求的目的而构建的全过程、多功能的物流合作系统。

一体化的物流系统主要包括三种形式：垂直一体化物流系统、水平一体化物流系统以及物流网络。其中，应用最为广泛的是垂直一体化物流系统。

（一）垂直一体化物流系统

垂直一体化物流系统对企业的要求是：将提供产品或运输服务等的供应商和用户都纳入企业的管理范围中来，并将物流管理作为企业管理的一项重要内容。在垂直一体化物流系统中，企业应该对产品或服务从原材料的采购到产成品送达用户手中的所有环节进行管理。企业要通过与供应商和用户的合作关系，尽力与他们形成联合力量，从而提高企业的竞争实力。

（二）水平一体化物流系统

水平一体化物流系统是指处于同一行业中的多个企业通过在物流方面的合

作来实现规模经济，从而提高物流效率的物流系统。当然，在产品的联合采购与货物运输的过程中，由于各个企业对产品需求的时间和区域存在差异，因此，为了促进物流合作的顺利进行，物流过程中各个环节的信息的及时传递是重要的基础和依据。因此，企业之间可以通过建立信息中心，来保证信息的及时共享和畅通传达。同时，大量企业的参与和大量产品的存在也是水平一体化物流系统可以顺利运行的重要条件。

（三）物流网络

物流网络是垂直一体化物流系统和水平一体化物流系统相结合的产物。当某个一体化物流系统中的每一个环节同时又是其他一体化物流系统中的重要内容时，就构成了物流网络。物流网络是一个开放的系统，企业可以随时选择加入或退出。

第三节　供应链中物流的组织与管理

供应链中的物流根据其流向和功能，可以分为企业供应物流、企业生产物流、企业销售物流以及企业的逆向物流四大类。

一、企业供应物流

（一）供应物流的概念

供应物流就是指在企业的经营过程中，为了保证生产的准时进行和精细运作，而进行的对生产原材料、零部件、辅助材料等物资的及时补充。供应物流对于企业的正常生产和高效运行发挥着重要作用。传统的物流组织模式以运输能力和成本为核心，而在供应链下的物流组织则是以成本为驱动。供应物流的组织设计要以整个供应物流网络的能力和成本为重点考虑对象，以降低交货成本为主要目标。

供应物流的目标就是通过尽可能低的价格获得质量稳定的原材料和零部件。这在很大程度上加大了企业对供应链上物流管理的难度，为了达到上述目标，企业必须在供应物流的网络、方式以及零库存等方面进行完善和努力。

合理科学地组织供应物流可以有效实现降低运输成本和库存水平的目标，从而减少企业的人力和物流设备的投入，缓解物流压力。

（二）供应物流的采购管理的改善

采购管理的改善是供应物流的组织与管理中的重要内容。以下几个情形充分反映出企业加大改善采购管理的力度的重要性。

1. 采购计划的编制和修改

采购计划员在企业中的主要任务就是根据企业的生产计划进行采购计划的编制。但是采购计划员编制完成的采购计划并不是用来直接进行采购，而是会经过有经验的高层领导的审核和修改。也就是说，对采购计划的编制，还是需要进行层层慎重审核，采购计划对于企业的最终采购和生产都起到了重要的作用。由此可见，采购计划的重要程度。

2. 计划外采购的出现

企业经常出现的计划外采购在实际运作中都需要领导进行特批才能进行采购，但是在有些情况下，经过领导特批采购回来的原材料或零部件却迟迟无法参与生产。也就是说，在对计划外采购进行审核时，也应该严格参考生产计划和原采购计划。

3. 采购成本的控制

企业之间的竞争归根结底就是产品成本的竞争，但是在当今生产设备自动化水平越来越高的背景下，产品生产成本的可调节幅度已经越来越小，那么要想降低企业的整体成本，就只能从采购成本的控制入手。

上述这些现象的出现，主要是由于信息的不通畅和信息得不到共享造成的。

由于信息不能及时传递给企业，采购计划才会经过一次又一次的修改；由于市场信息无法及时反馈给企业，才会出现因计划不当而造成采购物资的库存不足或过量的现象。因此，为了避免上述现象再次发生，企业应加强对采购信息的收集力度，对生产计划提出的需求计划、库存不足造成的库存补给计划以及其他采购需求进行严格监管，保证所有采购都是有效且及时的。

（三）供应物流的主要过程

供应物流的过程会因为企业的不同类别、不同供应环节以及处于供应链的不同位置而存在差异，但是其基本模式大致相同。总体来说，供应物流要经历以下几个环节。

1. 取得资源

取得资源是供应物流的第一个步骤，也是之后所有环节的重要前提。需要获得的资源种类、数量、规格等取决于企业的核心生产计划，同时在进行资源的采购时要充分考虑相应的技术条件和成本条件。

2. 组织到厂物流

组织到厂物流就是将在经过多次装卸、搬运以及多种运输方式的货物送达企业门口的过程。而在到厂之前，货物经历的一系列的运输过程都属于企业外部的物流过程。

3. 组织厂内物流

与到厂物流相对的是厂内物流，上面一个步骤中“送达企业门口”其中的“门”是企业内外物流的分界点，厂内物流就是指从这个“门”开始继续物流活动，使货物最终到达生产车间的物流过程。

二、企业生产物流

（一）生产物流的概念

企业的生产物流是指企业在进行工业生产中存在的物流活动，涉及企业的生产运作管理，包括原材料和零部件从生产到半成品再到最后产成品的全部流动过程。内部物流的流动过程实际上已经成为企业生产过程的一个组成部分。

（二）生产物流的库存管理的改善

相对于供应物流中的采购管理的改善，在生产物流中则是对库存管理进行改善。下面一些情形体现了在生产物流的运行过程中，还是有一些隐患存在，并需要改善的。

1. 原材料和零部件的库存时间

在一个产品的生产过程中，会涉及多种原材料和零部件，那么这当中就存在一个问题，即这些原材料和零部件储存在仓库中多长时间是最为合适的，既不耽误产品的生产，又不会给库存成本带来负担。

2. 库存物资质量管理

很多企业普遍存在这样一个问题，就是缺少对库存物资的质量进行及时、经常性的检查，这就会导致一些容易发生质量变化的物资在仓库中明明已经发生变质，但是还没有得到处理的情况，并且在企业的库存目录上，变质的物资也不会及时被去除以及及时补充。

3. 对库存报表的忽视

很多企业往往忽略了对库存报表进行及时的更新和整理，这就会导致领导检查库存物资时不参照库存报表，库存报表的数据和实际数据存在差异等现象的发生。久而久之，库存报表就很有可能形同虚设。

以上这些现象都体现了在内部物流的运行过程中，如果不重视对库存的管理，那么很有可能给企业带来更多的工作量，增加企业员工及领导的压力，同时造成不必要的经济损失。

因此，加强对库存的配套管理应该是企业管理中非常重要的组成部分。只有内部物流管理得到了重视和充分保证，才可以实现企业的按需采购、按需储存和按需发货。

改善内部物流管理，要从两个方面进行努力，即改善企业的“硬”环境和提高企业的“软”管理水平。“硬”环境主要是指对仓库的厂房建设、通风状况进行改善;“软”管理是指借助科学技术，及时发现管理中存在的问题并加以改正。

（三）生产物流的主要过程

生产物流的过程大致可以分为四个环节。

（1）原材料、零部件等物资进入企业仓库的“门”。

（2）所有物资正式投入生产并随着生产过程在各个环节中流动。

（3）所有物资在生产过程中被加工，并且产生一些不会在最终产成品中出现的余料和废料。

（4）生产加工完结，原材料等物资最终被加工为产成品并运至成品仓库。

三、企业销售物流

（一）销售物流的概念

销售物流是指企业将生产完成的产品的所有权经过销售转给批发商、零售商或消费者的流动过程。销售物流是企业经营效益的重要保证。在现代市场以买方市场为主的环境中，企业的销售物流往往带有很强的服务性，这在很大程度上扩展了企业的销售范围，也同样给企业的销售物流管理增加了难度。

在买方市场为主的背景下，企业的销售物流就是通过包装、运输、配送等一系列的物流操作实现销售，这就给企业提出了加强物流管理的要求，包括包装水平的改善、运输路线的确定以及送货方式的选择。

（二）销售物流的销售管理的改善

企业销售物流的组织要从改善销售管理着手，在现实生活中，很多情形体现了销售管理对于销售物流组织的重要性。

1. 销售收入的管理

在现实生活中，经常会发生这样的状况，那就是企业的销售部门提供的销售收入和财务部门汇总的应收款之间存在一定的出入，当企业领导面对来自销售部门的销售报表和来自财务部门的财务报表的时候，也很难选择到底应该以谁为准。

2. 对特价申请的批复

在很多实际操作中，企业领导者在面对员工提出的特价申请时，根本无法做出准确的选择，这是因为领导者手中没有相关的有效数据。

3. 对销售和库存的协调

对销售和库存的协调一直是很多企业要面对的重要问题。很多企业往往在销售方面成绩斐然，经常出现供不应求的状况，但是由于不合理的库存分配，使得库存成本大幅增加，企业只能采用贷款的方式进行生产。

销售是企业获得经济利润的直接来源，同样也是最容易出现问题的环节。要改善销售管理，可以从利用管理工具和完善基础数据两个方面寻求解决办法。

企业可以通过利用管理工具来改善销售管理，如建立互联网数据，让销售部门和财务部门在网络中使用同一套数据，不仅能促进两个部门之间的沟通和资源、信息的共享，还有助于企业加强对内部各部门的统一管理。

完善基础数据可以解决销售过程中的客户信誉问题，如企业可以通过外部调查以及内部积累不断完善客户的信息，建立起对客户的全方位认识，进而提高客户满意度，增加企业经济利润。

（三）销售物流的主要过程

销售物流在组织过程中往往要经历以下两个环节。

（1）从生产企业的产成品仓库出发，经过分销物流，到达分销商手中。

（2）经过配送等流程实现区域范围内的物流活动，到达企业的用户或最终消费者手中。

四、企业的逆向物流

逆向物流就是一种运动方向同传统的供应链完全相反，是对原材料、产成品、退回产品、回收物等从消费地开始直到回到企业仓库的全程进行计划、管理和控制的过程。

逆向物流的目的是通过对物资的回收和管理，降低企业损失，实现成本下降，提高客户满意度。近年来，逆向物流已受到业界的普遍关注，在企业可以降低成本的领域已不多的情况下，逆向物流的组织为企业降低产品成本又提供了新的契机。

第四节　供应链管理下的第三方物流

一、第三方物流概述

（一）第三方物流的含义

对于第三方物流，虽有多种理解方式，但较普遍的认识是：物流活动由产品供需之外的第三方提供，第三方不参与产品的买卖，而只提供从生产到销售全过程的物流服务。《中华人民共和国国家标准物流术语》（GB/T 18354—2021）中给出了第三方物流的概念：第三方物流是指“由独立于物流服务供需双方之外且以物流服务为主营业务的组织提供物流服务的模式”。因此，物流中的第三方就是指“独立于物流服务供需双方之外且以物流服务为主营业务的组织”。从这种意义上可以看出，第三方物流是物流专业化发展的一个必然阶段。

（二）第三方物流的发展和应用

第三方物流最早兴起于 20 世纪 90 年代，企业开始将自身无法完成或完成相对困难的物流业务外包给专业的第三方物流企业代理，久而久之，形成了规模较大的第三方物流产业。

第三方物流已经在世界范围内成为一种非常重要的商业行为，我国的第三方物流也呈现了迅猛的发展趋势。企业通过将自己的非核心业务外包给第三方专业物流企业的行为，来集中精力发展自己的核心业务，从而实现企业竞争优势的提升。

（三）第三方物流企业的分类

通过对国内外物流企业的分析和研究发现，第三方物流企业的种类有很多，不同种类的第三方物流企业具有不同的优势及特点。本书在这里分析和研究第三方物流企业中最常见的两个分类。

1. 按照第三方物流企业完成的物流业务范围的大小和所承担的物流功能分类

（1）第三方功能性物流企业。第三方功能性物流企业，也被人们称为“单一物流企业”，它不具备完整的企业物流系统，甚至也没有自己的物流管理部门和基础的物流资源，它所负载的仅仅是第三方物流企业的一项或者几项功能而已。按照不同的行业归属，我们可以将这类第三方物流企业进一步细分，比如交通运输企业、仓储企业、物流信息平台企业等。

（2）第三方综合性物流企业。第三方综合性物流企业是指能够承担不同种类物流功能的第三方物流企业。有些综合性的第三方物流企业只可以承担部分种类的物流功能，有些则能够承担所有种类的物流功能。

2. 按照第三方物流企业是自行完成和承担物流业务，还是委托他人操作进行分类

（1）第三方物流自理企业，即能够自己独立解决物流需求问题、能够自行完成和承担物流业务的第三方物流企业。

（2）第三方物流代理企业，即将相关的物流业务委托给他人进行操作的第三方物流企业。

在第三方物流发展的过程中，我们需要注意以下几点。

首先，物流的业务范围是在不断地拓展。一方面，由于市场的竞争越来越激烈，为了使自己的竞争优势更加明显和稳固，商业机构和各类企业都将主要的

精力放在自己的核心业务之上，因此自己没有时间顾及物流这一块，所以它们就纷纷将物流外包给专门从事物流服务的企业，以达到节约和高效的目的；另一方面，物流企业为了获得更好的发展空间和发展机会，必须不断地拓展自己的业务，扩大市场占有率，提升品牌效应，而提供更加专业的物流服务无疑是一个加分项。

其次，很多经营比较成功的物流企业，在与第一方以及第二方企业的合作中获得了很好的发展机会。在合作中，第三方物流企业可以借助第一方、第二方企业的经验和资源获得很好的发展，同时为它们提供定制式的物流服务，实现双赢、多赢。

最后，第三方物流是未来服务经济发展的一个重要增长点，具有很大的发展潜力。

二、供应链中企业运用第三方物流的优势

如表 3-2 所示，企业选择将一部分的物流业务外包给第三方专业物流企业进行代理往往出于不同的原因。

表 3-2　企业选择外包的原因

战术外包	战略外包
减少成本	增强核心能力
释放现金，获得新服务	利用高水平物流能力增加再造收益
将固定成本变为变动成本	减少管理风险，改变资源用途
增加功能，解决问题	获取技能，增加物流灵活性

总结来说，供应链中企业应用第三方物流可能会为其带来以下几方面的优势。

（一）使客户企业获得更加专业的服务，降低运营成本

在供应管理模式下，由于各企业都采取多批次、小批量的采购和运输方式，因此会造成运输频次的增加，从而提高运输成本。第三方物流将多个企业的产品和服务集成到一起，采用混装方式，提高每频次的运输数量，从而降低了运输成

本。因此，企业在将物流业务外包给第三方物流企业除了获得了更专业的服务之外，也降低了企业的运营成本。

（二）使客户企业集中于核心能力

激烈的市场竞争使企业的精力越来越分散，想要在业务上面面俱到已经成为一件几乎不可能完成的任务。因此，企业想要在这种情境之下获取更大的竞争优势，应该将自己的工作重心和主要的精力全部集中在核心能力的提升之上。第三方物流正好满足了企业的这一需求。

这种物流模式的好处在于可以将企业的资源和人员抽调出来投入到提高企业核心竞争力之上，并且第三方物流的专业化服务会大大优化企业的物流服务系统，提高客户对企业的整体满意度。这是一项双赢的合作。在这个过程中，企业看似舍弃了一部分业务，但实际是在基本不增加成本的基础上集中了更多的人力、物力和财力；而第三方物流企业在合作过程当中也获得了更多的发展空间。

（三）为客户企业提供技术支持或解决方案

随着科学技术的进步和消费者需求的变化，供应商和销售商在物流与配送上的需求也在不断变化，畅通的信息交流是保证企业产品正常流转的基础。在这个过程中，可能会需要使用某个特殊的沟通工具或者软件将产品的信息传递给客户，并接受来自客户方面的反馈，这就需要双方建立一个信息交流的平台，实现信息的实时共享，以提高企业物流运作的效率。普通的企业受到技术和人员的限制，在这方面有天然的劣势，而第三方物流企业则能够很好地完成这项工作，可以提供技术支持或解决方案，帮助企业更好地满足客户的需求。

（四）提高客户企业的运作柔性和品牌形象

提高自身的运作柔性也是企业选择第三方物流模式的重要原因之一。企业通过将物流外包给第三方专业物流企业来实现企业组织结构的精简，从而减轻由于企业组织规模过大导致的组织反应迟钝、缺少创新精神等问题。

同时，第三方物流企业能为客户提供更加专业化的服务，这对企业树立良好的品牌形象、吸引更多的客户有重要意义。

（五）降低运营风险

企业通过外包物流业务，实现了和其他企业共同承担物流业务风险的目的，从而降低了自身的运营风险。同时，企业之间可以通过建立战略同盟的方式，促进各企业发挥自己的所长，从而促使企业能为客户提供更高质量的产品和服务，减轻各企业的运营风险。

三、第三方物流系统的建设

（一）建设物流设施

在第三方物流系统中，典型的物流设施包含了在制造工厂、仓库、物流节点以及零售商店之间的所有作业设施。对于第三方物流企业来说，确定每一种物流设施在物流环节中承担的工作量以及设施的配备量是系统建设之中一项十分重要的工作。物流设施的建设所形成的体系实际上为第三方物流企业的作业设定了一种特定的结构，其体系内部形成了订货处理、存货维持以及材料运输等方面的具体工作。

物流设施的构建者还要考虑物流业务覆盖区域的特点，依据其特点安排物流设施的运作。一般来说，地势复杂、人口密集、业务量大的区域往往需要更多、更专业的物流设施。考虑覆盖区域的特点是物流设施建设的一个重要步骤。

（二）建立物流信息系统

在信息技术时代，信息是第三方物流企业赖以生存的根本，在整个物流活动持续的过程中，信息需要一刻不停地在整个物流信息系统中传递、更新、发布，以保障物流信息系统的顺畅运行。为了达到这一目标，物流企业必须推进新的网络技术、计算机技术在企业内的应用，建立起服务于整个物流系统的信息化管理平台和控制系统。

1. 建立最具兼容性的数据库平台

数据库是整个物流信息系统建设的基础，也是信息系统能否实现其基本功能的前提。数据库要具有良好的兼容性，不仅要满足当前企业信息系统的需求，还要具有足够的潜力可供拓展和挖掘，以使企业业务增长或者经营模式发生变化之后，仍然能够满足企业信息系统的要求。

2. 选择最好的数据交换工具

物流信息系统的一体化需要信息能够在不同的物流主体之间进行顺畅的传递，比如买方与第三方物流主体之间的联系，卖方与第三方物流之间的信息传递等。在传统的信息交换中，要想实现实时信息传递并不容易，但是在互联网和信息技术的支持下，合理选用数据交换的工具，不仅能够实现数据之间的实时传递，还能够优化信息传递的渠道和方式，提高物流运行的效率。

3. 开发或应用基于互联网的物流管理信息系统软件

现代一体化的物流信息管理系统软件是基于互联网的，软件由客户操作区、物流中心操作区、仓库操作区、运输操作区等系统模块构成，并提供相应的入口，可以对第三方物流企业的整个业务流程中各个环节的物流信息进行传输、处理、分析和利用。

（三）集成供应链功能

在现代企业的经营中，为了实现供应链结构的优化，越来越多的企业将物流业务外包给专业的第三方物流企业，第三方物流企业也越来越多地将信息系统的建设和完善外包给专业的互联网技术公司，从而优化物流信息系统，提高物流效率和客户体验。第三方物流企业可以看作一个供应链功能的集成单位，它通过对资源的调配与利用，实现高效率的产品运输与配送。第三方物流企业作为现代供应链的主体之一，必须承担起物流行业发展与进步的责任，努力将物流产业建设成一个具有完整网络体系和功能机构的社会服务行业。

（四）实施第三方物流企业管理

社会的进步和发展，要求第三方物流企业的运作模式是全新的，管理模式是现代化、高水平的。只有管理制度科学、合理，管理手段和方法先进、高效，第三方物流的功能和作用才能有效发挥，从而促进客户企业物流运作效率的提高，从整体上提升供应链的经营效率。高水平的第三方物流企业管理为现代物流的进步提供了坚实的保障，为物流产业的稳定和健康发展创造了有利的条件。在第三方物流产业发展的过程中，相关部门也应该加强市场监督和管理，保证稳定的市场秩序和社会环境，为第三方物流产业的发展创造积极的环境。

四、企业运用第三方物流系统的决策步骤

企业在决定是否运用第三方物流系统时，通常要考虑多重因素。总的来说，企业在进行第三方物流系统的决策时要经历以下步骤。

（一）内部分析和评价

企业在决定物流外包之前，首先要识别并确定自身的核心业务。确定出核心业务之后，企业的非核心业务就成为可以外包的对象。具体在选择外包内容的时候应该考虑以下因素。

（1）如何对这些功能和活动进行评价。

（2）这些活动在企业中所处地位如何。

（3）这些活动是否会成为企业的核心业务或能力。

（二）供应商评估和选择

在确定了具体的外包内容之后，企业就要对供应商（提供第三方物流服务的企业）进行评估和选择。在对供应商进行评估和选择时应当考虑多重因素，具体包括信誉问题、财务状况、设施设备状况、人才水平、与企业需求的适配程度，等等。此外，还可以同供应商的现有客户进行沟通，以侧面了解供应商的实际表现。

（三）执行和管理

外包方案确定后，就要对方案进行执行和管理。企业对外包方案管理的通

常做法是成立一个专门的项目管理小组，由其负责同供应商进行谈判、对外包项目的进程进行评价、收集和及时反馈外包项目的信息，同时，当供应商违反合同规定，提供的产品或服务不符合标准时，项目小组有权对其提出异议，并促其进行修改。

培养良好的外包关系，不仅有利于企业降低自身的外包风险，而且能促进外包项目的顺利实施。为此，企业可以同供应商之间建立相互信任的合作关系，利用双方的业务优势进行互补，从而实现企业同供应商的效益双赢。

五、从第三方物流到第四方物流

同第三方物流相比，第四方物流无论是在服务的内容上还是在服务覆盖的区域上都有很大的发展，尤其是对供应链的集成和管理提出了更高的要求。

第四方物流是一个供应链的集成商，它调集和管理组织自己以及具有互补性的服务提供商的资源、能力与技术，以提供一个综合的供应链解决方案。由此可知，第四方物流实际上是供应链的整合者、集成者、咨询者和管理者，是第三方物流的发展与延伸。

同第三方物流相较而言，第四方物流具有以下特征。

（1）第四方物流提供了一个综合性供应链解决方案，并能够有效地适应用户的多样化和复杂化需求，集中所有资源为用户更好地解决问题。

（2）第四方物流能够为供应链上的所有用户创造价值。

（3）第四方物流可以在更大范围内整合资源，并构筑更大规模的、覆盖面更广的物流信息平台。

第四章

基于区块链的供应链协同管理

协同思想或称协同理论最早起源于赫尔曼·哈肯（HermannHaken）创立的协同学（Synergetics）。它是20世纪70年代以来在多学科研究的基础上逐渐形成和发展起来的一门新兴学科，是系统科学的重要分支理论。伊戈尔·安索夫（Igor Ansoff）研究并提出了企业管理领域中的协同和协同效应。此后，以计算机通信技术为基础的协同管理软件蓬勃发展，协同的理念深入人心。

从字面意思来看，供应链协同的产生显然受到了协同学的影响。供应链是一个复杂系统，供应链上各节点企业是系统内各组成部分（子系统）。按照协同学的思想，供应链协同就是将供应链上各节点企业组织起来，按照统一的供应链战略目标，实现从原材料供应到产成品销售等各环节在信息、资源、业务上的协调一致、无缝衔接（系统有序状态），从而最大限度地实现供应链增值（协同效应）。

有学者认为，供应链的这种从供应商到最终用户的网链状结构本身就包含了协同的理念。还有学者认为，供应链是将供应商、制造商、分销商、零售商以及最终用户组织起来，形成一个能够满足最终用户需求的复杂系统。而供应链协同研究的则是这个复杂系统内各组成部分（供应链节点企业）之间如何互相协作，从而获得市场竞争优势的问题。

供应链上的协同效应不会随着供应链的形成而自然产生，这是因为供应链各成员之间存在着利益冲突、供应链绩效指标之间存在着“效益背反”现象。供应链与供应链之间的竞争，更像是组织一批人（一个供应链上的成员）与另外一批人（另外一个供应链上的成员）进行拔河。在自然状态下，大家发力的方向和节奏各有偏差，无法形成最大合力，有时甚至还会相互干扰；而在有效的组织下，大家发力的方向和节奏趋于一致，才能够发挥出最大力量，从而有机会赢得比赛。供应链与供应链之间的竞争也一样，只有通过协同使供应链上的节点企业达到同步、协调运行，才有可能使链上的所有企业都能受益。

第一节 供应链协同的内涵

供应链协同包括战略层的协同和战术层的协同。其中，战略层的协同主要是指供应链战略协同，而战术层的协同主要包括供应链信息协同、供应链运作协同和供应链决策协同。

一、供应链战略协同

（一）供应链战略

供应链战略是企业的一项职能战略，它确定了原材料采购和运输、产品的制造或服务的提供，以及产品配送和售后服务等业务的方式与特点。供应链战略不仅关注企业自身的业务，而且还关注供应链上其他成员的角色定位，它要求供应链各成员按照统一的战略目标相互配合、无缝衔接地工作。因此可以说，供应链战略是一种互补性企业联盟战略。此外，供应链战略也是一种企业核心竞争力强化战略，通过寻找优秀的供应链合作伙伴，改善自身价值链上的薄弱环节，强化其核心竞争优势。

企业的竞争战略规定了企业所提供的产品和服务能够满足的、区别于其竞争对手的客户需求集合。例如，大超市的竞争战略是满足客户对产品质优价廉的需求，而便利店的竞争战略则是满足客户对产品的即时购买需求。企业成功的前提条件是必须实现供应链战略与企业竞争战略的匹配，即供应链战略所构建的供应链能力与企业竞争战略中所要优先满足的客户需求相适应。这就要求供应链合作伙伴的选择、供应链业务流程的设计和供应链资源的配置都必须围绕统一的企业竞争战略目标来进行，以消除不同的供应链成员之间可能存在的功能性目标冲突。例如，如果在销售环节要求快捷地向客户提供多样化的产品，而在配送环节要求尽可能地降低运输成本，则两者必然会出现运作冲突。负责配送环节的供应链成员一定会选择成本低的运输方式，而这类运输方式往往意味着速度慢，这样也会造成该成员延迟部分订单的交付进行集货，以便通过规模效应进一步降低成本。其结果是，整个供应链无法满足既定的客户需求——快速提供多样化的产品，从而导致战略匹配的失败。

（二）供应链能力

供应链能力一般被分为两类——供应链响应能力和供应链效率。供应链响应能力是指供应链在应对不可预测的市场需求和不可靠的产品供给等市场不确定因素时的能力。供应链响应能力的提高需要进行大量的投资。而供应链效率则刻画了供应链满足客户需求所花费的成本大小。成本越高，供应链效率越低。因此，供应链响应能力和供应链效率是效益背反的。在供应链成本和响应能力组成的有效前沿曲线上，供应链响应能力的增加一定是以降低供应链效率为代价的；反之亦然。企业需要在供应链效率和响应能力之间进行权衡，选择它们最恰当的组合。需要指出的是，仅在下列两种情况下存在同时改进供应链效率和响应能力的可能：①企业的管理运行并未达到有效前沿曲线所代表的最佳状态；②企业通过技术革新、流程再造等措施促使了有效前沿曲线的右移。由此可见，供应链战略所要确定的供应链能力，实际上就是确定供应链应该具备何种程度的响应能力与效率。而实现这种既定的供应链整体能力则可以通过供应链各环节不同的能力组合来完成。例如，在由一个零售商和一个制造商组成的供应链中，供应链响应客户多品种、小批量需求的能力既可以通过提高零售商的响应能力（设置大量库存）来实现，也可以通过提高制造商的响应能力（投资柔性生产线）来实现。对于前一种情况，零售商可以提高其库存控制的效率；而对于后一种情况，制造商则可提高其生产的效率。这就意味着，供应链的设计可能是多样化的，但各个环节的功能必须相互配合形成既定的供应链整体能力，使之与企业竞争战略中所确定的满足客户需求的能力相匹配。

（三）供应链战略协同的实现

当这种战略匹配在整个供应链的范围内实现时，就意味着供应链战略实现了协同。乔普拉和迈因德尔在《供应链管理：战略、规划与运作》中把它描述成供应链战略与企业竞争战略匹配的一种极端状态——供应链上所有环节的所有职能部门相互配合形成统一的供应链整体战略/能力，实现供应链增值的最大化。

而另一个极端状态则是供应链上各环节 / 各职能部门仅考虑自身效益最大化，各自提出自己的职能战略。在这种情况下，供应链上各方由于彼此之间的利益冲突而导致战略冲突，并引起随之而来的运作冲突。例如，在供应链上下游企业之间，双方都希望对方持有更多的库存，以便减轻本方的库存持有成本，从而提高自己的收益。其结果往往是双方互不相让或者弱势的一方屈服，但无论如何最终都会影响供应链的整体绩效。而在供应链战略协同下，双方的目标从最小化自身的库存水平变为最小化供应链的整体库存水平，根据供应链整体最优的目标来决定该由哪方持有库存，从而消除了不必要的供应链冲突。更重要的是，由于供应链的整体绩效得到了改善和提高，供应链上各个成员也因此而获益。

二、供应链信息协同

供应链协同要求各参与方能够按照一定的目标作出有利于供应链整体利益的决策。可以想象，若没有供应链合作伙伴之间的信息共享，供应链企业将无法得知他人信息，那么供应链的协同将很难实现。从供应链结构上看，供应链信息可以分为上游信息和下游信息两种。供应链下游信息主要是指客户的需求信息，还有库存信息以及销售状况信息。供应链下游信息的共享意味着更加接近于市场参与方的信息共享。供应链上游信息多指供应链的产能信息、库存信息和提前期信息。此外，在信息共享中还有一个关键的问题，就是如何激励参与方进行相应的信息共享。图 4-1 是供应链信息共享的示意。

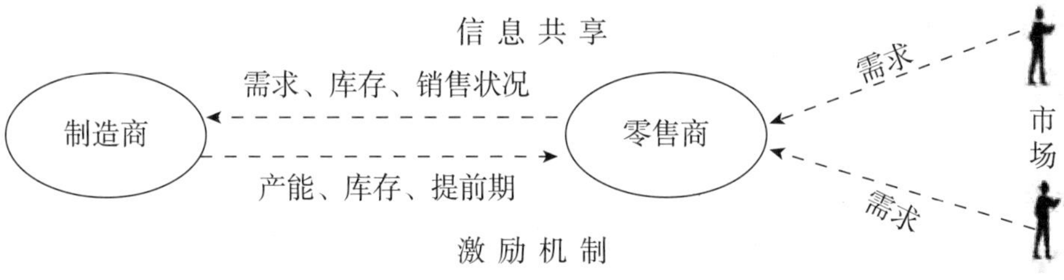

图 4-1　供应链信息共享示意

（一）下游信息共享

随着客户需求个性化要求的增强和普及，制造商对客户需求信息的依赖程度越来越强，然而对于制造商来说，从客户处直接获取需求信息十分困难，并且从其他渠道间接获取的有关特定客户的需求信息也相当不准确。销售终端技术的运用提供了一种很好的共享下游信息的手段，下游企业通过向上游企业传递共享的需求信息，能够使供应链更好地抓住市场需求（需求时机和需求数量），从而获得最大的收益。

当然，在供应链协同中除了下游的需求信息需要进行共享外，还有其他信息的共享也有利于供应链的协同，如零售商的库存信息、补货计划、销售状况等。下游库存和销售状况的共享能够让上游企业更加清楚地知道供应链的整体运作情况。总而言之，下游信息共享的目的在于让整个供应链的各个企业都能够实时掌握市场的变化情况，从而制定出更能适应市场需求变化的协同运营策略，进而使整个供应链的收益实现最大化。

（二）上游信息共享

与下游信息共享不同，上游信息共享的重点在于分享有关供应链的运作信息，而且由于涉及运作层面，所以上游信息共享的内容更多。

（1）产能信息。在实际运作过程中，由于各种不确定因素，上游企业的产能往往也是不确定的。因此，产能信息的共享就显得尤为重要。下游企业只有知道产能信息才能更好地进行补货和销售活动，产能信息的不透明可能会引发下游企业之间的产能博弈，从而构成不协调的现象。

（2）库存信息。库存信息的共享十分重要，而且在现实中也比较容易实现，可以有效降低供应链运作成本。在供应链中库存往往会存在于各个环节，虽然库存可以抵抗一定的风险，但是如果各个环节库存不进行统一的协调和管理就会造成高昂的库存成本。

（3）提前期信息。提前期信息在供应链协同中起着至关重要的作用。提前期的长短将会直接影响零售商的补货决策。上游企业分享提前期信息不仅能够降低供应链的整体运作成本，同时还能够提高供应链对最终市场的响应速度，进而提高客户服务水平。

（三）信息共享的激励

需求信息的共享并不容易实现。一方面是因为信息共享对于下游企业来说需要付出一定的成本，另一方面它们也会担心自身利益在共享需求信息后受到损失。因此，下游企业往往不愿意将需求信息与上游企业进行共享。因此，激励下游企业进行信息共享是一个关键的问题。所谓供应链中的信息共享激励问题，就是要研究如何激励在供应链上的有着各自利益、掌握着不同的信息和在供应链上担负着各个节点上的不同职能的各个不同节点的企业进行合作，激励供应链上的合作各方在某些信息实现共享，并达成有效的契约来实现整个供应链的收益最大化目标。

如果供应链中的一方比另一方拥有更有利的信息资源，那么这一方就会有两种选择：要么持有信息资源，以获得战略上的主动权；要么进行信息共享，获得供应链其他成员的合作。信息共享的激励通常可以从两个方面入手：信息技术和相关的信息保障制度。信息共享的保障制度又可以分为三个方面，即供应链契约的设计、价格的激励和信息共享成本的分担。

目前，现代通信技术和互联网、电子商务等信息技术的发展消除了信息共享的技术障碍，而企业文化和经营理念的转换也给信息共享扫除了观念方面的障碍。但是，供应链合作伙伴之间的信息共享并非能够轻易实现。除了实现信息共享的基础设施以及各种实现途径的限制外，没有完善的激励机制对成员企业的利益分配做出合理的规定，就会出现在激励因素方面的不均衡现象，从而使得一部分企业并不愿意把其私有信息与其他合作伙伴实现信息共享。因此，建立有效的信息共享激励机制，通过科学、合理的制度约束是解决在供应链合作伙伴之间实现信息共享的关键。

三、供应链运作协同

（一）生产协同

生产协同是指生产企业依据采购计划、销售计划以及当前库存情况等联合制定生产决策，实现协同效应。生产协同包括生产计划协同、生产过程协同和质量控制协同三部分。即联合生产企业的采购人员、销售人员和生产人员共同制订生产计划，增进计划精度，加强计划稳定度，实现生产计划协同；推行精益生产，让上游供应商和下游客户都参与到生产当中，实现生产过程协同；生产质量需要层层检验、段段控制，生产企业必须实施全面质量管理，阻断错误流向下一环节，进行质量控制协同。

（二）采购协同

采购协同是指生产企业根据原材料供应情况、需求计划以及当前库存情况等联合制定采购决策，它多发生在供应商和生产商之间，包括采购计划协同和采购订单执行协同。实现采购协同要求生产企业把对最终产品的中长期预测、期望客户服务水平、部分库存情况以及近期采购计划传达给上游供应商，供应商根据自身生产能力实时调整生产计划。同时，供应商将采购订单的执行情况实时反馈给生产企业，使企业能够根据需求变动及时调整订单，最终更高效地将正确的产品、合适的数量在正确的时间以合适的价格交付到正确的地点。

（三）运输协同

运输协同是指在原材料、半成品和产成品等从供应链上游供应商配送至下游零售商直至消费者的过程中，实现准时化、高效化协作，实现产品和信息的有效对接，即消除运输过程中的多余环节、重复环节，减少装卸货等待时间、账单错误情况以及运输空载率，优化运输路线并保证运输物资的安全、准确。运输情况在供应链上的可视化使各企业能掌握产品的实时情况，及时制订和修改企业计划，加强供应链风险应对的及时性，推进节点企业间物流整合和重组步伐，实现供应链上的协同效应。

（四）库存协同

库存协同是指供应链上各节点企业库存管理的共同化。实现库存协同的方法是推行联合库存管理，它要求供应链节点企业共同参与制订库存计划，供应链上游、中游、下游环节间责、权、利相互分担和共享，最大限度地减少供应链库存管理的系统风险，保证供应并降低库存成本。

（五）销售协同

供应链协同的最终目的还是能够获得更多的客户，销售更多的产品，从而得到更好的利润回报。但是作为供应链中不同环节的参与方应该在进行需求预测、产能规划以后，共同制订销售计划，进而发挥供应链的整体绩效。例如，零售商何时采取促销手段、促销规模多大等都应该提前与供应商进行协商。因为在零售商促销的过程中，很可能出现由于没有共同的计划，供应商供应不上来的情况，这样既损失了销售机会，又会让客户感觉到服务水平差，进而影响对零售商的印象，影响最终的收益。同样，供应商采取了何种广告策略，也应该提前让零售商知道，从而能及时调整销售方针。

销售环节是供应链实现利润的终端，销售计划的好坏会直接影响供应链协同实施的可行性，因此在进行供应链协同的过程中各参与方应该共同努力，制订合理的销售计划，从而让大家都能够从协同中获得更多的利润。

（六）产品设计协同

产品设计协同是指根据节点企业的内外部条件，将所能调配的资源进行有效、合理的整合与配置，在设计出满足客户某种需求的过程中，实施并行工程（平行作业）和同步工程（分摊作业），通过集成作业、平行作业和标准化设计，以更快的速度、更好的质量和更低的成本来实现产品设计任务。产品设计协同的更深层次是产品创新协同，它覆盖了产品从原材料到产成品的每个阶段，其实质是知识投入、知识共享和知识转化，最终提高供应链的整体竞争力。

四、供应链决策协同

最优的供应链绩效需要各参与方能够形成一系列明确的行动，但是由于传统上的各自为政以及自身利益最大化等，整体效益最大化往往难以达到。通过某种形式的契约调动各个参与方合作的积极性，将各自利益最大化与整体利益最大化紧密联系在一起，各个企业就有可能向着供应链整体绩效最大化的方向共同努力。在供应链管理实践中，常见的契约有批发价格契约、回购契约、收益共享契约、数量柔性契约以及销售返利契约。

（一）批发价格契约

批发价格契约是指供应商仅向零售商收取所订购货物的批发费用。该契约在执行时最为简单。虽然在实际操作中，供应商倾向于用高批发价获得最大利润，而使该契约无法产生协同效应，但它仍是实际中很常见的契约。当为达到契约协同而导致供应商行政负担的增加远超潜在利润的增加时，供应商更倾向于使用该契约。

批发价格契约通常存在以下两种模式。

（1）推动模式，即零售商只在销售季到来之前订货并支付费用，此时零售商承担剩余库存的处理成本（假设存在剩余库存）。

（2）拉动模式，即零售商在销售季开始之前订购部分产品并支付费用，在销售过程中可以随时补货，但补货时批发价格明显要高于之前。此时，供应商承担剩余库存的处理成本（假设存在剩余库存）。若能够通过给予零售商一定的批发折扣，同时考虑推动和拉动两种模式，则供应链效益会明显上升。

（二）回购契约

在回购契约中，供应商不仅向零售商收取单位产品的批发价格，还会在产品销售的末期对未销售出去的产品付给零售商一定的回收价格。回购契约使得供应链运作的健壮性更好，因为供应商和零售商都可以对回购数量进行一定的调整。回购政策通常用于配送时令性较强商品的行业中，如书籍、杂志、报纸、电脑硬件和软件、节日卡片和医药品等。

可以发现在回购契约中，回购价格和批发价格必须同时决策才能够实现供应链协调。因为即使供应商和零售商对某一水平下的批发价格达成了一致，然而供应商和零售商仍可以通过改变回购价格来提高自身的利润水平，也就是说，此时的供应商和零售商需要不断地进行议价。同样，如果先固定回购价格，再对批发价格进行决策，也会陷入困境。因此，对于回购契约而言，供应商和零售商必须对批发价格和回购价格同时进行调整，以实现均衡。

在带有回购契约的供应链协调中，零售商的促销努力水平也是一个值得关注的问题。供应商采取回购策略就意味着帮助零售商分担了一定的市场需求风险，这的确能够从一定程度上提高供应链绩效，但同时也会降低零售商促销的积极性。如果市场需求与零售商的促销努力水平有关，则回购契约会对市场需求产生一定的影响，因此在实施回购契约的同时，往往需要考虑对供应商的促销努力进行一定的激励。

（三）收益共享契约

收益共享契约是指零售商除支付产品批发费用之外，还从自身收益中支付一定比例给供应商，双方共享供应链整体收益。也可以说，当零售商从自身收益中提取给供应商的金额与回购契约中零售商因回购而产生的利润损失相同时，收益共享契约与回购契约的结果是等价的，但执行过程是不同的。

收益共享契约的重点在于调整零售商的收入和分配给供应商的比例，实现供应链节点企业之间的协调和整体效率的提高。收益共享契约实质是供应链上下游企业风险共担，从而刺激零售商增加订购量，但执行的管理成本过高并且可能降低零售商的营销积极性是其不可避免的缺陷。收益共享契约的典型应用是在音像租赁行业以及国内常见的特许经营模式上。

（四）数量柔性契约

数量柔性契约是指供应商对零售商未售出的部分产品（选取契约规定的补偿数与零售商剩余库存数两者之间较小的）给予补偿。与回购契约相比，数量柔性契约重点关注订购量的调整，其回收价格还是批发价，而回购契约是对回购价格的调整。数量柔性契约在电子和计算机产业中应用广泛。

（五）销售返利契约

在销售返利契约下，供应商向零售商收取单位产品批发价，如果零售商的销售量超过设定的临界值，那么零售商就能得到供应商单位产品的返利。销售返利契约提出的最大目的在于激励零售商进行产品促销，从而获得供应商的返利。销售返利契约与数量折扣契约有着本质的区别，数量折扣契约中只要零售商订货量大于约定的数量就能得到折扣；但是销售返利契约里面所规定的数量是零售商最终实际销售出去的数量。

确定返利水平是销售返利中最主要的问题：如果销量目标过低，则无法有效地激励零售商进行产品促销活动；反之，如果销量目标过高，对于零售商来说实现难度和成本过高，就会放弃努力。销售返利契约一般与其他契约结合起来运用，如回购契约和销售返利契约、收益共享契约和销售返利契约。

传统的销售返利契约在传统供应链中难以实现，一方面是因为零售商的销售情况很难监测；另一方面是零售商为了得到更多的销售返利，有可能会对销售数据进行造假。供应商管理库存策略的出现从一定程度上促进了销售返利契约的实施，因为供应商可以通过管理自己的库存水平，从而得知零售商的销售状况。

销售返利契约主要取决于批发价格、返利金额以及返利数量临界值三个参数，任一参数的改变都会重新分配供应链收益，并且总有一个参数组合是能够产生协同效应的。销售返利契约在易耗品行业应用较多，如计算机硬件、软件和汽车行业。

（六）数量折扣契约

数量折扣契约是指供应商依据零售商在期初的订购量大小给予不同的价格折扣，其原则是订购量越大、价格越低。该契约以零售商的实际订购量为基准。数量折扣契约也可以刺激零售商增加订购量，减少供应商库存。在实际应用中，它还有多种形式，如多组数量折扣、全部数量折扣、二部定价等。数量折扣契约应用于所有商业范围，尤其是零售业。

除了以上几种供应链契约外，还有许多由以上六种契约进行变形或组合形成的供应链契约，如期权契约、回馈与惩罚契约、预购契约、延迟补偿契约、数量承诺契约等，这些契约的应用都是为了在供应链节点企业面临实际问题时能够得到更好的处理。

第二节　供应链协同管理的组织方法

一、供应链协同管理的目标一致性与合作关系

了解影响供应链协同的多种因素后，供应链上各个成员就应该制定出统一的目标，并通过一定的合作关系共同努力，防范不利于协同管理的因素，发挥有利于协同管理的因素，共同实现最终的协同目标。

（一）供应链协同管理的目标一致性

供应链上的各成员虽然是分散的个体，存在各自的利益，但是从市场环境来看，由分散的成员组成的供应链系统是一个整体，是在市场中供应某种产品的供应链系统。该系统在市场中获得的利润越大，那么相应地，各成员分得的利润也越大。因此，各成员合作的一致目标应该是使整个供应链系统的利润实现最大化，而不是追求个体的利润最大化。在这个大前提下，应该根据整个系统实现利益最大化需要的运作条件，为各成员制定一致的努力方向，并通过相互间的合作，实现共同的目标。

1. 根据产品特性制定供应链协同管理的目标

马歇尔·费雪（Marshall L.Fisher）将产品分成功能性和创新性两大类，供应链上的成员应该根据相应产品的特性，制定一致的供应链协同管理目标。

功能性产品主要是指消费者经常在零售店购买的日常用品，如在杂货店购买的沐浴露、盐、洗衣粉等，在加油站、天然气站购买的相应燃料等。这些产品能够满足消费者日常的基本需求，且需求量一般很稳定，随时间的变化不会有很大的波动性，并且生命周期往往较长，同时具有较小的边际利润。

另一类产品则是创新性产品，这类产品可以给企业带来更多的边际利润，通常能够以其时尚性或者先进的技术含量吸引客户的注意，如电脑、手机等电子产品就是典型的例子。该类产品的主要特点是需求具有极不稳定性，且很难预

测，另外，相对于功能性产品，创新性产品的生命周期更短。

面对两种特点完全不同的产品，如果供应链各成员没有形成一致的协同管理目标，就不可能实现最适合产品的供应链协同管理，也不可能利用该系统创造出最大的市场价值。

根据产品是功能性还是创新性，供应链协同管理主要有两个不同的运作目标。针对功能性产品，供应链各成员需要实现效率型供应链协同管理，而对应创新性产品的供应链协同管理目标则是构建响应型供应链。效率型协同管理能够以最低的成本，在供应链上各成员间实现由原材料到零部件、半成品、产成品的转换，以及实现及时有效的运输。而响应型的协同管理要求各个成员能够及时有效地响应市场需求，能够准确地探索未知的需求，维持供应链自上而下合作的及时连贯性。图 4-2 体现了产品类型与供应链协同管理目标的匹配性。

	功能性产品	创新性产品
效率型供应链	匹配	不匹配
响应型供应链	不匹配	匹配

图 4-2　产品类型与供应链协同管理目标的匹配性

供应链各成员只有根据产品的特性，按照一致的协同目标进行运作，才能够发挥供应系统的最大功效。一旦成员之间的目标出现偏差，则会造成供应链系统与产品特性的不匹配，从而无法创造出最大的市场价值。

2. 结合供应不确定性和需求不确定性程度制定供应链协同管理的目标

按照产品的特点制定供应链协同管理的目标主要是充分考虑到了市场需求的情况，即考虑了需求不确定性程度，而由于产品的生产最终还是要靠上游的供应，并且随着供应链系统的日趋复杂化，供应端也出现了很多不确定的现象，因此，供应链协同管理目标的制定也应该充分考虑供应的不确定性程度。

当供应不确定性程度低时，供应链上各成员没有必要过多关注供应端的情况，协同目标应该根据产品特点考虑效率型或者响应型供应链。而一旦供应具有较高的不确定程度，那么各成员应当一致提升协同管理的目标，在效率型和响应型供应链目标的基础上，朝着风险规避型和敏捷型供应链的方向发展，如图 4-3 所示。

		需求不确定性	
		低（功能性产品）	高（创新性产品）
供应不确定性	低（稳定流程）	效率型供应链	响应型供应链
	高（变化流程）	风险规避型供应链	敏捷型供应链

图 4-3　考虑供应不确定性和需求不确定性的供应链协同管理目标的匹配性

风险规避型供应链的协同管理目标主要是在供应不确定性程度较高时，应对需求不确定性程度低的功能性产品的一种有效管理方式。由于此时的需求波动性不是很高，因此供应链各成员主要应该共同规避供应上存在的风险，保证持续稳定的产品供应。而敏捷型的供应链则是综合能力最强的一种供应链协同管理目标，因为这种供应链系统要能够保证在需求端和供应端同时存在风险（不确定性高）的情况下，各成员仍然能够保持一致的、充足的柔性来应对。

（二）供应链协同管理的合作关系

供应链各成员制定了一致的协同管理目标后，协同管理的实现则需要靠各成员的合作来完成。供应链上各成员之间或多或少都会进行一些合作，只是在合作程度、信息流的传递模式以及物流业务的合作模式上存在着差异。

1. 合作程度

根据合作程度的不同，Anderson 和 Lee（1999）指出供应链上各成员的合作关系主要有简单交易型、相互作用型以及相互依赖型三种，且这三种合作关系的程度依次递增，如图 4-4 所示。合作程度的深浅直接决定了供应链协同管理的效果的好坏。

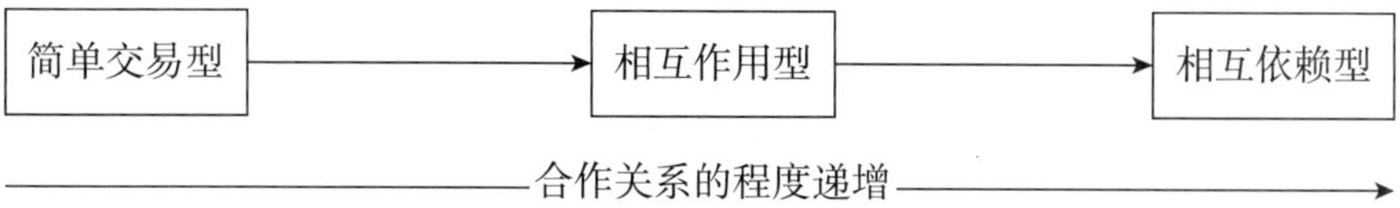

图 4-4　供应链成员的三种合作关系

处于简单交易型的合作双方，两者只进行产品的直接交易，并不进行更深层次的沟通，很可能产品交易结束后，合作关系也马上结束。例如，一些企业对某些量很小又很常见的辅料的采购，多数都是临时在现货市场中根据价格高低进行采购，并不需要与卖方建立长久的合作关系。又如，当供应链上某个环节出现断货时，相关企业常用的处理方式就是临时找其他供应商或者在现货市场上进行紧急采购，而采购结束后合作关系也就结束。这种简单的交易型合作使得供应链系统结构非常不稳定，会给协同管理的实现带来很大困难。要想实现稳定的协同管理，应当尽量减少简单交易型的合作。

比起简单交易型，相互作用型的合作双方的关系更近一步，且合作时间更长久。作为该合作方式的成员，能够在某种程度的信任关系下，共享某些有用的信息，共摊部分风险，共享部分利润，在互惠互利中共同发展。该合作方式是在目前供应链系统中最常见的，在这种合作关系下，供应链的协同管理已经可以正常开展，当然，根据双方具体的合作形式不同，协同效果也会有一定的差异。虽然比起简单交易型的合作，相互作用型的合作能够让协同管理运作得更稳定，但是毕竟双方合作的建立只是基于暂时的需要，随着市场竞争的加剧，会不断涌现更多可以合作的企业，此时可能合作的双方都会重新选择新的合作伙伴以求更好地发展。因此，相互作用型的合作仍缺乏长久性与可持续性，这一点也会对协同管理的全面开展产生一定的影响。

相互依赖型的合作则是合作程度最深的合作伙伴关系，是合作双方实现的一种长期战略合作伙伴关系，目标就是实现双方长久合作，共同不断地发展壮大。在这种合作关系下，双方能够在充分的信任机制下，实现信息的全面共享，共同分摊所有风险，并共享所有收益，在无缝的合作中共同创造最大的价值。目前，具有这种合作关系的企业多数还是基于买卖双方合资建立的企业。该类型的成员的合作完全建立在一种相互依存的关系之上，没有其他任何企业可以替代，只要整个供应链不出问题，这种合作关系会一直持续稳定地进行下去。事实上，在这种合作伙伴关系下，供应链的协同管理是最容易开展的，也是开展得最全面的，能够充分发挥协同管理的功效。与此同时，这种全面的协同管理又能够保证整个供应链长期稳定的发展。

合作关系的分类主要是从总体宏观上描述了双方合作程度的深浅，由于整个供应链上各成员主要是通过信息流和物流进行交流的，因此，具体的合作形式还需要从信息流的传递模式和物流业务的合作模式来谈。

2. 信息流的传递模式

张红等①提出供应链各成员之间存在四种信息传递模式，分别为传统的链式信息传递模式、链式跨级信息传递模式、网络型信息传递模式和集成式信息传递模式。这四种信息传递模式对应了由低到高四种水平的信息共享机制。

传统的链式信息传递模式如图 4–5 所示。在这种信息传递模式下，只有供应链上的相邻成员之间才进行信息的传递，是一种信息共享程度很低的模式。这种模式最大的缺陷在于信息的传递过程中容易发生延迟与失真等现象，具体体现在客户的需求产生后，需要一级一级逐步传递到最上游，然后再通过物流将产品一级一级送至客户手中，这一过程无疑会拖慢整个供应链的运作速度，不仅不好实现协同管理，也大大削弱了供应链系统对客户需求的响应能力。另外，信息传递的次数越多，越容易出现偏差，因此越是上游，获得的信息失真度越高，在失真的信息下，各成员的决策也会相应出现偏差，从而使得整个供应链的运作难以实现协同。

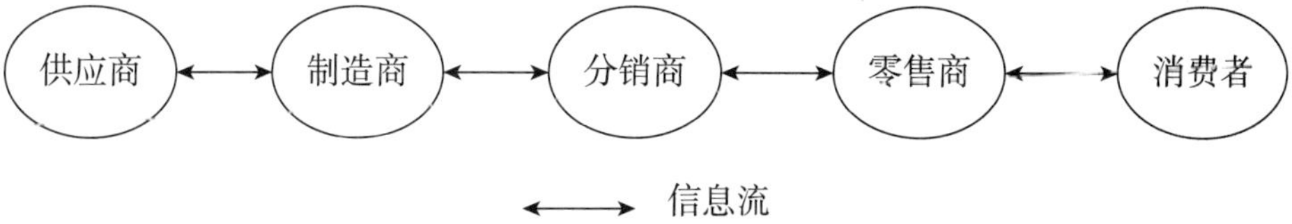

图 4–5　传统的链式信息传递模式

与传统的链式信息传递模式相比，链式跨级信息传递模式能够让供应链成员共享更多的信息，主要体现在客户的需求信息可以直接传递到上游的各个成员，如图 4–6 所示。这种信息共享模式的实施手段主要是下游零售商将销售终端系统记录的产品销售信息与上游供应商、批发商等进行共享，让上游的成员能够掌握更真实的需求信息。这种信息传递模式表现了更高水平的信息共享，能够有效地解决传统的链式信息传递模式中容易出现的需求信息延迟和失真的现象，对

① 张红，郭晓莹，徐学军 . 供应链管理演进过程中信息流传递模式研究 [J]. 科技进步与对策，2005（3）：96–98.

缓解牛鞭效应起到了很好的作用，进而更好地促进整个供应链协同管理的实施。

虽然链式跨级信息传递模式让供应链各成员能够掌握更为真实的需求信息，但是各成员决策能力的不同最终还是会造成决策上的偏差，再加上各成员之间的信息传递仍是链式的，因此链式跨级信息传递模式也没有彻底解决传统的链式信息传递模式下带来的问题，特别是在市场竞争越来越激烈的情况下，供应链的协同管理效果还有待进一步提高。

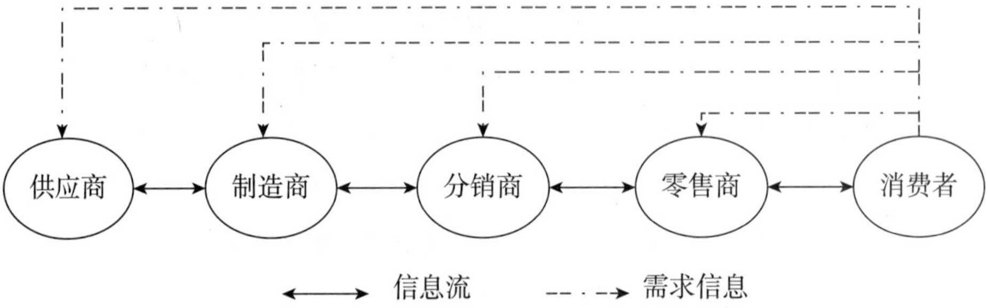

图 4-6　链式跨级信息传递模式

网络型信息传递模式让供应链上任意两个成员都能够进行信息的传递，如图 4-7 所示。成员之间可以根据需要，与任意成员进行信息的充分交流，这无疑使供应链的协同管理实施得更为灵活。而该模式也存在着不足，即缺乏整体的控制能力，不能从供应链系统的整体利益出发进行决策，无法实现最为全面的协同管理。

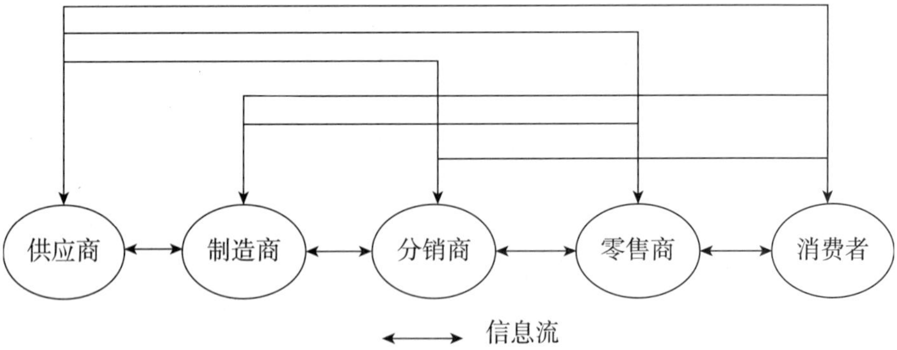

图 4-7　网络型信息传递模式

集成式信息传递模式能够实现供应链系统各成员之间最高级别的信息共享，如图 4-8 所示。该模式下存在一个统一的信息集成中心，负责协调安排所有成员的运作，因此能够从供应链的整体上进行控制、决策。各成员只需要与信息集成中心进行信息传递，就能掌握到整个供应链成员的决策信息。该模式有效地将分散的供应链成员牢牢联系成一个整体，进而实现最全面的协同管理。

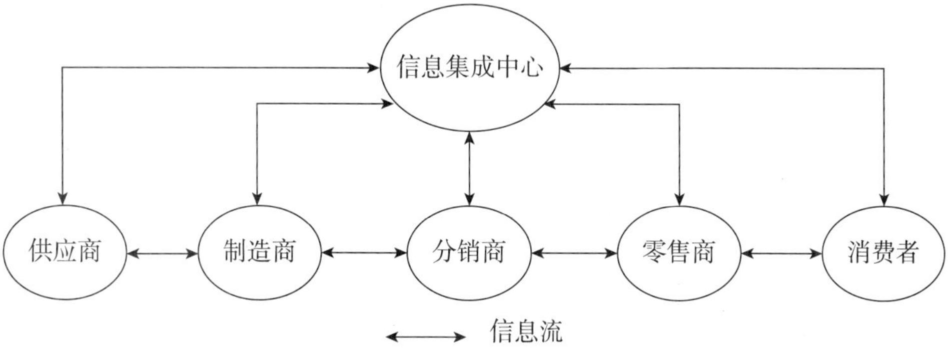

图 4-8　集成式信息传递模式

3. 物流业务的合作模式

供应链各成员间的物流业务合作形式主要有直送、分散的间接配送以及集中式的间接配送。

直送是指一个供应链成员直接将产品配送到另一个成员企业，并不经过任何中转。如图 4-9 所示为一对多直送模式。这种模式实现起来很简单，但是一旦两者之间的距离很长时，响应能力就变弱，因此在对响应性要求不高的供应链系统中可以考虑这种方式。另外，如果配送涉及的成员过多，就会带来更多的配送线路的优化问题，操作起来不是很方便。如图 4-10 所示为多对多直送模式。

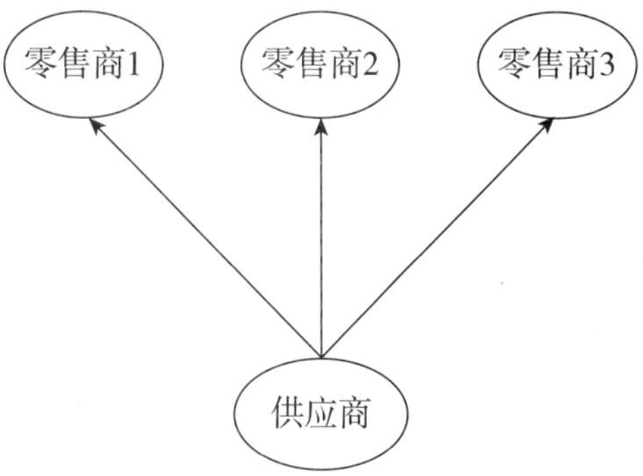

图 4-9　一对多直送模式

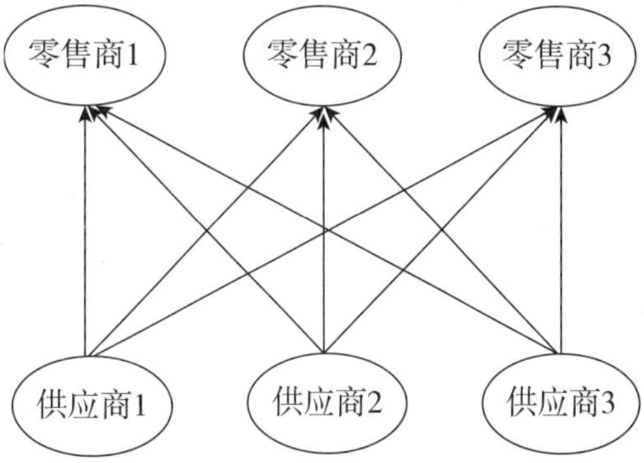

图 4-10　多对多直送模式

分散的间接配送模式是指在两个供应链成员之间建立一个配送中心，原材料、零部件、半产品或者产成品都可以先从一个成员那里运至配送中心，而再由配送中心运至目标企业，如图 4-11 所示。通常配送中心修建得离目标企业很近，因此这种配送方式具有较强的响应能力和柔性，有利于实现产品或者原材料的准时制配送。但是这种配送模式同样会面临当配送节点增多时路线优化的复杂性，同时，过多配送中心的修建会耗费更多的成本。另外，在一些加工装配企业中，对零部件的需求具有齐配性，任何一种零部件的短缺都会延误产品的生产，而这种分散的配送中心无法有效地协同不同供应商之间零部件的协同配送。

集中式的间接配送模式是指将分散的间接配送模式中的多个配送中心合并，修建一个共同的配送中心，如图 4-12 所示。这种模式不仅能够减少很多复杂的路线优化问题，同时有利于实现加工装配行业中多种互补零部件的协同运输问题，有利于实现多种零部件的准时制配送。

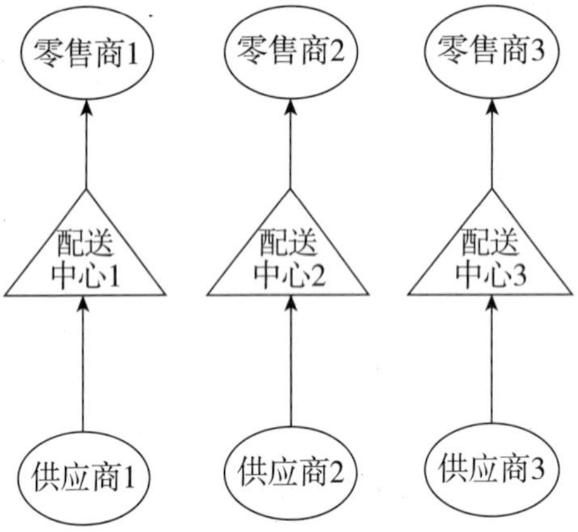

图 4-11　分散的间接配送模式

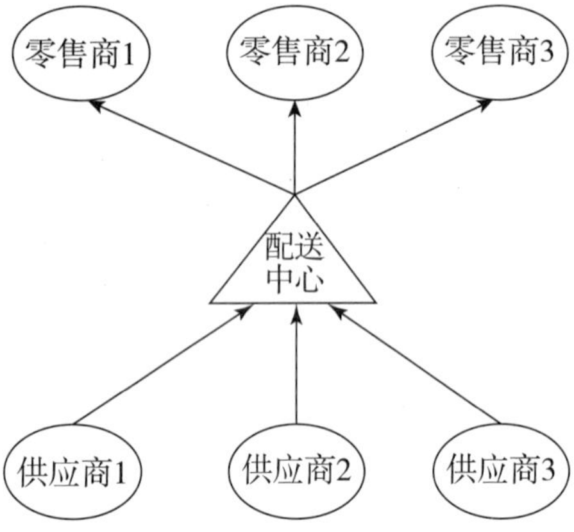

图 4-12　集中式的间接配送模式

总的来说，要实现供应链协同管理，必须在建立良好的合作关系基础上，充分考虑成员的信息传递交流模式与物流配送合作模式，以统一的组织模式，实现信息流与物流的有效整合，团结所有的成员实现一致的协同管理目标。

目前存在的两类比较常见的供应链管理协同组织模式主要有基于 VMI-Hub 的协同管理模式和基于 Supply-Hub 的协同管理模式。接下来，在下面的内容中将分别对这两种管理模式进行分析。

二、基于 VMI-Hub 的协同管理模式

VMI-Hub 的协同管理模式有效结合了 VMI 机制和间接物流运输模式，而 VMI 机制实施的前提又是建立在供应链上的成员以更有效的信息传递和交流形式进行合作，因此该模式的实施需要信息流和物流的有效整合，如图 4-13 所示。VMI-Hub 是修建在离制造商工厂较近的配送中心，用于储存供应商供应的零部件或原材料，零部件或者原材料在配送中心由供应商负责监控补货，只有零部件被使用后，制造商才会付款给供应商。

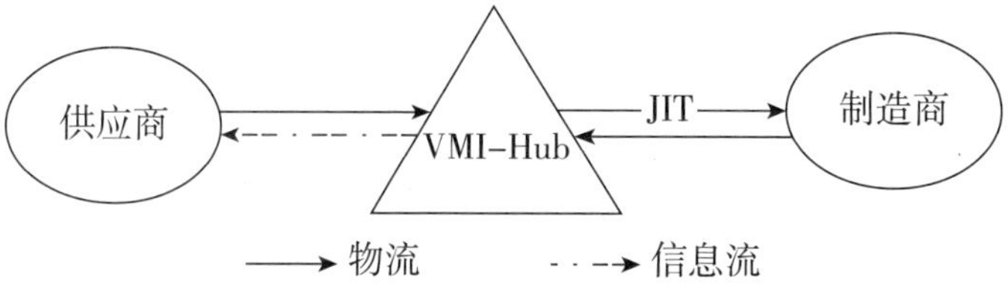

图 4-13 基于 VMI-Hub 的协同管理模式

（一）基于 VMI-Hub 的协同管理模式的优势

基于 VMI-Hub 的协同管理模式同时具备了 VMI 机制和间接物流运输模式的优势。在该模式下，完全由供应商负责库存的补充，这样能够减少需求信息的失真程度，有效缓解牛鞭效应。并且在 VMI 模式下，供应商不需要对买方的每一个订单进行响应，能够更灵活地安排自己的生产计划，从而更好地优化整个供应链的补货策略。与此同时，供应商还可以利用一个 VMI-Hub，同时服务距离较近的多家制造商，根据情况合理安排联合配送计划，实现运输的规模经济。

VMI-Hub 下的间接物流运输模式又能够实现对下游买家的准时制配送。因为 VMI-Hub 离制造商工厂很近，当制造商工厂需要零部件进行产品生产时，能够及时从 VMI-Hub 处进行补充，实现多频次、小批量的供应，这样可以在满足客户需求的同时，有效地降低整个供应链的库存水平，缩短交货提前期。

（二）VMI-Hub 的三种运营模式

根据 VMI-Hub 的运营主体和归属权不同，主要存在三种运营模式，即供应

商独自运营模式、供应商与第三方物流联合管理模式和第三方物流企业独自管理模式。

供应商独自运营模式主要指 VMI-Hub 完全由供应商自己投资修建，且由供应商亲自进行管理。这种模式是耗费成本最高的模式，但是相对运作风险比较小，最具稳定性。该模式对供应商能力的要求最高，具体实施效果也主要取决于供应商的管理能力。

供应商与第三方物流联合管理模式是指供应商租用第三方物流企业的仓库作为配送中心，而配送中心的运营权仍然是供应商所有。这种模式的成本最低，但是较前一种模式具有一定的风险，即第三方物流企业随时有可能收回仓库，运营的稳定性较差。

最后一种模式是供应商将配送中心的管理权完全外包给第三方物流企业。这种运营模式对于能力不是很强的供应商是最合适的，因为提供物流服务正是第三方物流企业的强项。且该模式较第二种模式具有更小的风险，因为第三方物流企业更多地参与进来，减少了毁约的风险，具有更稳定的运作环境，当然这种模式较第一种模式还是稍有风险。

（三）基于 VMI-Hub 的协同管理模式的局限性

基于 VMI-Hub 的协同管理模式有很多优点，同时也存在两方面的局限性，一是供应商面临很大的成本压力，二是供应商之间分散的 VMI-Hub 运营模式的实施不利于涉及多种互补零部件的加工装配系统的协同管理。

基于 VMI-Hub 的协同管理模式的实施可能会给供应商带来更多的成本。虽然存在三种运营模式，但是对供应商而言，仅仅与一个制造商进行合作实施 VMI-Hub 时，会消耗过多的成本，而在现实中又不是那么容易找到距离很近的多个制造商，进行联合的 VMI-Hub 管理模式，因此供应商很难通过 VMI-Hub 的规模效应来降低成本。

另外，在加工装配行业中，一个产品的装配或者生产往往需要多种零部件，任何一种零部件的短缺，都会影响到整个供应链的有效运作。如图 4-14 所示，在加工装配行业中，供应商各自采用基于 VMI-Hub 的协同管理模式对制造商进行零部件的配送，我们称这种模式为分散的 VMI-Hub 模式。原先单个 VMI-Hub 的模式可以实现零部件的 JIT 供应，但是由于多种零部件配送时间的不确定性，会造成不同零部件运至制造商工厂的时间和量的不一致性，从而导致零部件库存的积压，以及制造商工厂运作的延迟。因此，在加工装配系统中，分散的 VMI-Hub 运营模式会失去原有的功效。

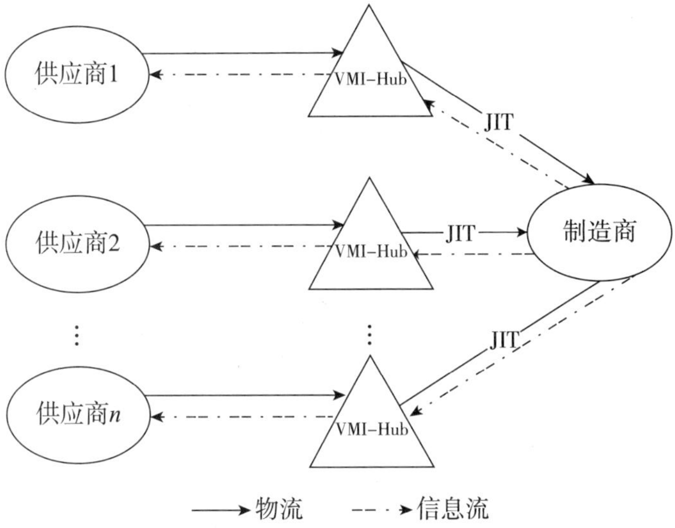

图 4-14　加工装配行业中分散的 VMI-Hub 运营模式

三、基于 Supply-Hub 的协同管理模式

供应链绩效在很大程度上受到参与方协同程度的影响，随着业务的外包和供应商数量的不断增多，供应物流的好坏直接决定了供应链的绩效。特别是对于装配行业（如汽车、电脑）而言，供应物流的协同往往比较复杂，一方面是由于供应商数量巨大，另一方面是由于供应商的地理位置往往分布广泛。因此，装配行业的核心制造商一直在寻找一种管理模式以对供应物流进行有效的协同，基于 Supply-Hub 的协同管理模式应运而生。图 4-15 给出了基于 Supply-Hub 的协同管理模式。

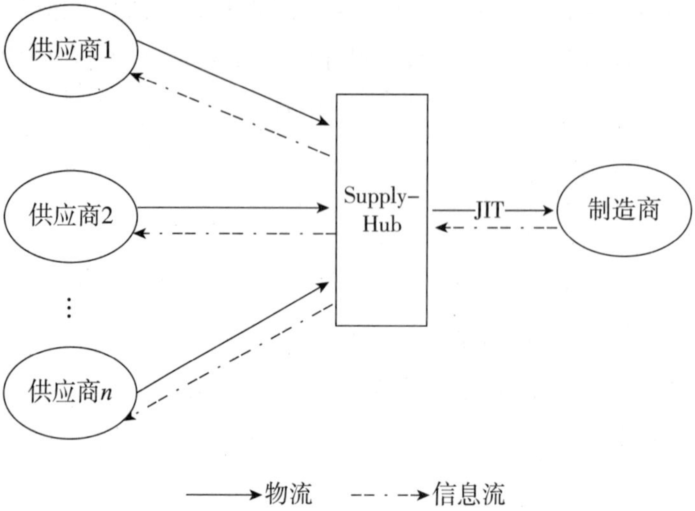

图 4-15　基于 Supply-Hub 的协同管理模式

Supply-Hub 又称集配中心，通常位于制造商工厂附近，主要用于安排所有或者部分零部件供应商进行零部件的储存和配送工作。而通常储存在 Supply-Hub 的零部件仍由供应商所有，制造商会根据需要，定期要求 Supply-Hub 将成套的零部件运送至工厂的生产线，一旦零部件被使用，其所有权将由供应商转为制造商，供应商也将接收制造商的付款。

（一）基于 Supply-Hub 的协同管理模式的主要特点

相比于传统的采购—供应模式，基于 Supply-Hub 的协同管理模式的主要特点体现在中转“集配”的功能。中转“集”的功能指 Supply-Hub 负责将制造商产品的生产或者装配需要的所有零部件和原材料进行集中统一的采购，然后运输并中转入库，在这个过程中可以实现多种小批量的单零部件聚集成为大批量的零部件进行采购与仓储；中转“配”的功能主要指在“集”的基础上，再根据产品的需要，将聚集的零部件拣选成一个产品制造需要的一系列成套零部件，然后以 JIT 的运作方式直送到制造商工厂的生产线。因此，制造商只需要通过 Supply-Hub 间接地与多个供应商进行合作，而并非像传统模式下，制造商需要逐一与每个供应商直接建立合作关系，这样可以大大降低制造商的管理成本，同时也可以降低整个供应链实现协同管理的难度。

相较基于 VMI-Hub 的协同管理模式，基于 Supply-Hub 的协同管理模式主要有以下几个特点。

1. 第三方物流企业更多的参与

一方面，由于基于 Supply-Hub 的协同管理模式涉及多个供应商零部件库存的管理与配送服务，管理难度很大。另一方面，由于供应商数目众多，而且它们之前可能由于地理位置较远或者业务不太相关，并没有太多的联系，所以难以联合供应商进行集配中心的组织管理。

再加上制造商的核心竞争力不在于仓储与配送，因此，目前基于 Supply-Hub 的协同管理模式中，更多的是由第三方物流企业负责集配中心内部的运作，以及集配中心成套零部件到制造商工厂生产线的直送，而在有些供应链系统中，第三方物流企业甚至还负责由供应商到集配中心的物流配送。由于第三方物流企业的核心竞争力正是在于仓储和配送，因此能够促进基于 Supply-Hub 的协同管理模式更有效地实施。另外，第三方物流企业也很好地起到了有效衔接供应商和制造商之间运作的作用。由此可见，第三方物流企业已经成为一个新的供应链系统成员，并在促进供应链的协同管理上，起到了越来越大的作用。

2. 需要第三方物流企业提供更多的增值服务

在加工装配行业的供应链系统中，Supply-Hub 在整个系统的协同管理中起到至关重要的作用。为了更有效地实施协同管理，整个系统对 Supply-Hub 可以实施的增值服务的要求也越来越高，这就需要第三方物流企业能够在 Supply-Hub 中提供更全面的服务。最常见的增值服务就是将来自不同供应商的零部件，根据制造商生产的需要组合成配套的零部件，进而加快制造商生产线的运作。有些第三方物流企业甚至还会提供零部件的采购、订单的下达和与供应商的价格谈判等增值服务。除了为制造商提供增值服务，第三方物流企业也会为供应商提供一些增值服务，如有一些供应商期望第三方物流企业能够按照国家要求的指标，进行质量检测。而在可持续发展要求下，可能今后第三方物流企业也会被要求有能力处理逆向物流。

3. 多维的协同管理

基于 Supply-Hub 的协同管理模式与分散的 VMI-Hub 运营模式的另一项重

要区别在于，在基于 Suppply-Hub 的协同管理模式下，供应商系统能够实现多维度的协同管理，如图 4-16 所示。

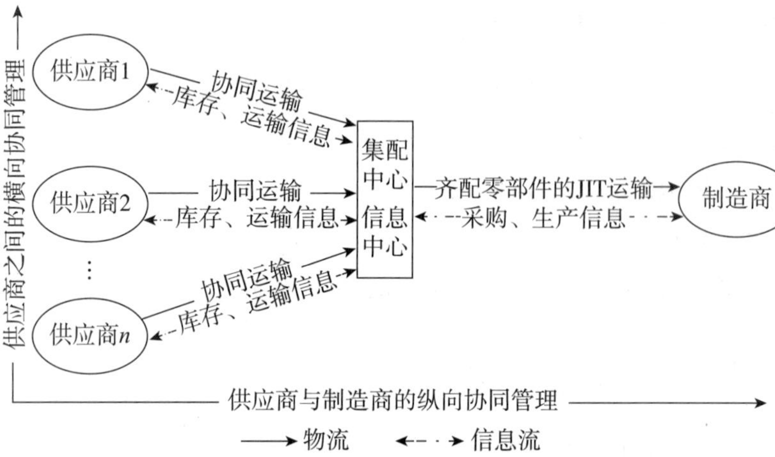

图 4-16　基于 Supply-Hub 的多维协同管理模式

从供应链结构上来说，Supply-Hub 不仅有利于实现由供应商到制造商的纵向协同管理，同时也有利于实现多个供应商之间的横向协同管理，这一点无疑对于涉及多种互补零部件采购的加工装配系统是很重要的。只有横向、纵向都实现协同，整个系统才算实现了协同。任何一个维度的不协同，都会影响整个供应链的绩效。

从衡量协同管理水平的指标来说，基于 Supply-Hub 的协同管理模式可能涉及更多维的指标控制。如评价横向的协同管理时，可能更多关注的协同指标是零部件齐配的时间和量，而在纵向的协同上，可能更多关注整个供应链系统能否实现低成本、高收益的运营。

4. 整个供应链系统实现更高程度的信息共享

Supply-Hub 将所有供应商的零部件集中起来进行统一的管理，这种模式下自然需要更高程度的信息共享，也只有更多地进行信息共享，才能够更好地发挥基于 Supply-Hub 的协同管理模式的作用。

Supply-Hub 在整个供应链系统中起到了信息池的作用，供应商和制造商的信息都汇集到了这里，而供应链各成员也可以在 Supply-Hub 处获取适当的信息，进而制订更有效的生产采购计划。供应商之间共享信息后有助于促成横向的协同管理，而供应商与制造商互通信息后又可以更好地促进纵向的协同管理。

5. 对 Supply-Hub 的信息技术要求更高

要充分发挥 Supply-Hub 信息池的作用，有效协同供应商和制造商之间的运作，先进信息技术的引进是必不可少的。因此，在 Supply-Hub 中，第三方物流企业必须能够熟练使用仓库管理系统，这样可以更方便地实现与供应商和制造商的信息传递。电子数据交换技术、互联网技术也要得到充分的发挥，以使供应商和制造商之间形成某种程度的透明化，拥有较强的信息交流能力。

（二）基于 Supply-Hub 的协同管理模式的基本管理思想

基于 Supply-Hub 的协同管理模式主要有四个基本的管理思想：横向协同的采购管理思想、VMI 的库存管理思想、JIT 的生产管理思想及基于延迟策略的需求管理思想。下面将介绍这四个基本管理思想。

1. 横向协同的采购管理思想

横向协同的采购管理思想是基于 Supply-Hub 的协同管理模式下一个最突出的特点。在加工装配行业中，分散的 VMI-Hub 运营模式下的协同管理难以实现的一个关键原因就是难以实现横向供应商的协同。为了解决这一难题，基于 Supply-Hub 的协同管理模式将供应商之间的横向协同思想纳入了管理的重点，将“集”与“配”的运作有效结合，并在 Supply-Hub 这个信息中心的调配下，能够更好地促进供应商补货、配送的一致性，从而实现横向的协同管理。

2. VMI 的库存管理思想

在基于 Supply-Hub 的协同管理模式下，所有供应商的库存都储存在 Supply-Hub 里，库存由第三方物流企业负责进行管理和检测，而其所有权仍属于供应商，制造商并不过多干预供应商的补货计划。供应商可以通过制造商的生产计划，以及其他供应商的库存水平，决定自己的补货计划。这样能够有效缓解牛鞭效应，在横向协同的基础上，有效减少整个供应链的库存水平。国内外众多企业的实践经验也表明，基于 Supply-Hub 协同管理模式下的 VMI 库存管理策略的确可以大大降低库存水平，促进整个供应链系统的协同管理。

3. JIT 的生产管理思想

与分散的 VMI–Hub 运营模式一样，基于 Supply–Hub 的协同管理模式也强调了 JIT 的生产管理思想。不同之处在于，在基于 Supply–Hub 的协同管理模式下，集配中心是按照制造商的生产计划将产品生产需要的零部件拣选成套后运送至生产线，这样能够大大提高制造商的生产效率。而在分散的 VMI–Hub 运营模式下，配送中心仅仅能将某种零部件按时送达，制造商工厂的生产线需要进行拣选操作后才能进行生产，这一步骤无疑会影响整个供应链的运作效率，不利于协同管理的实施。

4. 基于延迟策略的需求管理思想

鉴于消费者对需求的多样性要求越来越高，企业在满足消费者需求的策略上应该更具备柔性，因此延迟制造理论得到了广泛关注。延迟制造理论的思想在于将体现消费者需求区别的步骤尽量后移，能够尽可能在识别消费者的多样需求后进行生产或者装配，以免造成供应和需求的不匹配，给整个供应链带来损失。基于 Supply–Hub 的协同管理模式也充分考虑到了这一点，有利于延迟策略的实施。供应商将零部件运送至离制造商工厂很近的 Supply–Hub，只有制造商工厂“生产需要”时才会运至生产线，这实际上正是延迟了零部件的采购。而同时，Supply–Hub 在保证了充足的零部件供应的情况下，由于离制造商工厂的距离很近，且提前进行了拣选配套的程序，整套零部件可以实现 JIT 配送，因此制造商可以更晚地接收消费者订单、更晚地安排产品制造，从而能够更精确地满足消费者多样的需求。

（三）Supply–Hub 的运营主体

前面讲述 Supply–Hub 的运营特点时已经提到，其运营主体目前以第三方物流企业居多，但是实际上一共存在四种可能的运营主体，从下游至上游的顺序依次为：核心制造商运营主体、第三方物流运营主体、第四方物流运营主体、大型供应商以及供应商联合运营主体。除了最为常见的第三方物流运营主体，在特殊的运营条件下，或者在未来供应链各成员间进一步密切合作的需要下，另外三种运营主体也有可能起到重要的作用。

1. 核心制造商运营主体

核心制造商运营主体是指由制造商亲自负责协调 Supply-Hub 采购与配送两方面的协同运作，制造商需要根据生产线的需要，要求多个供应商及时协同地将零部件运送至 Supply-Hub，然后再制定由 Supply-Hub 到生产线的 JIT 配送。由图 4-17 可以看出，除了供应商零部件的运输过程，其他环节均由制造商进行管理。

由核心制造商进行 Supply-Hub 的管理可以更有力地控制原材料和零部件的进向物流，降低采购过程的不确定性，有利于计划的准确下达与实施。这种情况下的运作方式实际上是制造企业采购部门的前置。这种方式开展起来比较容易，因此可以在 Supply-Hub 运作的初期规模并不大时，作为一种临时的过渡方案。随着加入基于 Supply-Hub 协同管理模式的供应商数目的增多，对制造商的管理能力要求会越来越高，而对品类繁多的零部件和原材料的库存管理与直送工位等活动往往并非制造厂商自身擅长的业务，其人员的培训、业务经验的增长需要一定的时间，固定设施设备的投资较大，运作成本往往也较高，而在资源和精力上也会使制造厂商从核心业务上有所分散。因此当基于 Supply-Hub 的协同管理模式正常运作起来后，应该寻找更有效的管理方式。

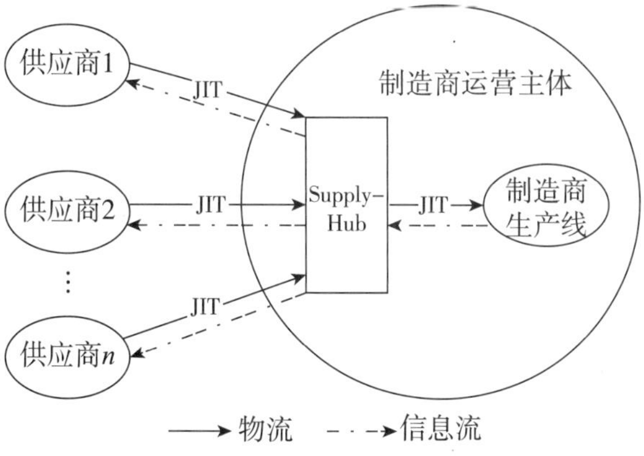

图 4-17　核心制造商运营主体

2. 第三方物流运营主体

第三方物流运营主体即指由第三方物流企业来负责 Supply-Hub 的运作管理，

从供应商的零部件运输到生产线的 JIT 配送都由第三方物流企业统一负责，如图 4-18 所示。这种模式减少了制造商的管理任务，可以让制造商更专注于核心竞争力的发展。

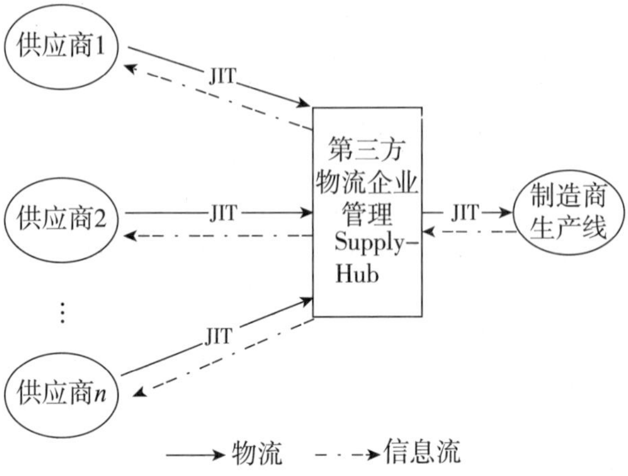

图 4-18　第三方物流运营主体

目前，第三方物流运营主体方式是基于 Supply-Hub 的协同管理模式进入一定规模运作后的首选方式，第三方物流企业专业的物流服务能力可以促进该种运作模式的有效进行。但是基于 Supply-Hub 的协同管理模式的最终目标是实现整个供应链横向和纵向的二维协同管理，这就需要利用专业的管理理念指导整个供应链进行集成化的管理，实现资源、能力、技术三方面的整合，而这是只具备物流能力的第三方物流企业做不到的。

3. 第四方物流运营主体

第四方物流服务提供商实际上是一个供应链集成商，它对企业内部与具有互补性的服务提供商所拥有的资源、能力及技术进行整合和管理，为客户提供一整套供应链解决方案。第四方物流运营主体的方式实际上是由第四方物流企业负责基于 Supply-Hub 的协同管理模式的管理方案的制订，而各种具体的物流操作仍然由第三方物流企业负责，如图 4-19 所示。

这种运营方式比较适合供应链上下游间基于 Supply-Hub 的协同管理模式已经趋于成熟，并需要寻求集成度更高、协同性能更好的运作方式来促进整个供应链更全面发展的供应链系统。

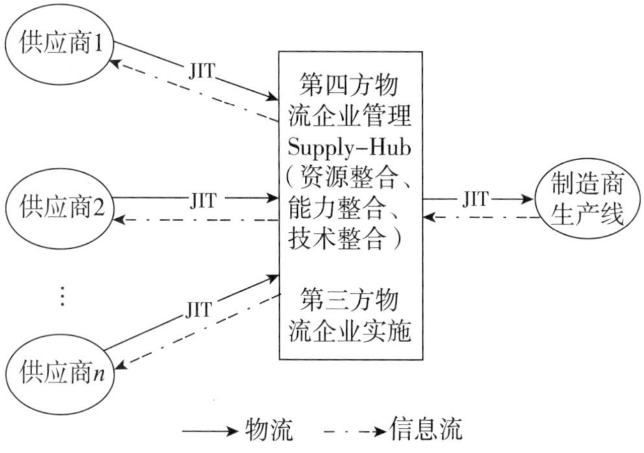

图 4-19　第四方物流运营主体

以上三种方式的共同特点是供应商参与管理的程度很小，但是 VMI 作为基于 Supply-Hub 的协同管理模式的一个重要思想，且供应商之间的横向协同作为这种模式的一个管理目标均反映了供应商管理的重要性。因此，如果供应商能够更多地参与到这种运作模式的管理决策的制定中，必然能够促进整个供应链更全面的协同管理的实施。

4. 大型供应商以及供应商联合运营主体

在众多的供应商中，一些规模较大、实力较强的供应商也可以作为 Supply-Hub 的运营主体。这类供应商往往具有比较完善的物流网络和设施条件，且其供应的原材料、零部件占有比较大的份额。这种方式给这些供应商与制造商之间的 VMI 的实施带来了很大的方便，但是由于毕竟大型供应商数目有限，不利于大范围的实施，且其他供应商尤其是与作为运营主体的大型供应商有直接竞争关系的供应商在相关信息的共享方面会形成一定的障碍。

而由关键原材料、零部件供应商通过某种方式组成联合体作为 Supply-Hub 的运营主体则在一定程度上能够减弱这种障碍带来的影响，如图 4-20 所示。供应商联合运营主体有利于将供应商集中起来进行管理，能够更好地推进 VMI 的实施，并同时促进横向供应的协同。

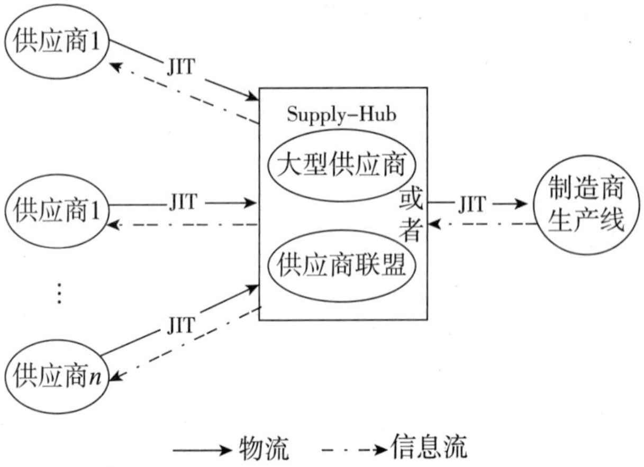

图 4-20　大型供应商以及供应商联合运营主体

第三节　供应链协同管理平台

一、供应链协同管理的基础

供应链协同管理的关键在于信息共享，而信息共享的基础又在于高效的协同管理平台的建立。适应全球化供应链运作管理的基本前提之一是各类信息需要在不同企业之间，甚至是不同国家之间进行交流。对于供应链各成员企业来说，提高信息共享程度具有诸多益处，如提高合作伙伴之间的沟通效率、缓解供应链的牛鞭效应、协调各企业间的目标冲突、帮助企业实现精准管理、降低经营成本和提高资源利用率，等等。由此可见，供应链成员之间进行信息共享必须借助于一定的协同管理平台。供应链成员企业之间通过建立和完善企业信息系统平台，协调供应链成员企业间的信息系统的接口，从而实现信息的快速、准确、高效的传递。建立以供应链核心企业为中心的信息共享平台，由核心企业控制信息的流量和流向，保证信息流能够顺畅、快捷地流通。

然而，实现供应链信息共享并不是一件容易的事情，往往会遇到无法估计的困难，因为在实现信息共享的过程中，企业要面临很多挑战，如信息共享需要较大的初期投入，造成成本上升，以及供应链企业之间缺乏信任、利益分配不均衡、信息安全和信息不对称。因此，必须做好充分的思想准备和管理准备，克服各种困难，搭好供应链信息共享基础平台。

供应链协同管理平台通过对供应链合作企业的明确化和标准化，使它们的彼此分工和责任更加明确。供应链协同管理平台的建立需要对供应链中的各种流程进行简化和重组，必须打破企业之间的界限。至于信息层面，供应链协同管理平台本身就是信息的集成化。总的来说，供应链协同管理平台是进行供应链协同管理的重要保障，它为供应链的协同管理提供了可行性和可操作性。

二、供应链协同管理平台的构架

（一）供应链协同管理平台的选择

在不同的供应链环境中，需要选择不同类型的协同管理平台，以达到最好的协同管理效果。在供应链协同管理平台的选择过程中，流程的复杂性和信息的密集程度具有很大的影响。根据流程的复杂性和信息的密集程度，可以根据图 4–21 的矩阵对供应链协同管理平台做出选择。当供应链中的流程比较复杂时，不管信息密集程度如何，都应该选择分散式的代理解决方案来实现供应链协同管理，从而能够更好地处理供应链中的流程性问题。当流程复杂性和信息密集程度都较低的情况下，基于网络模式的协同管理平台会比较合适。在流程复杂性低而信息密集程度高的环境中，分散式的代理解决方案和基于网络模式的协同管理平台均可以选择。当然，在选择供应链协同管理平台的过程中还有很多其他的影响因素，如投入资金的多少、参与企业的数量、安全性、系统风险等。总而言之，供应链协同管理平台的选择属于企业的战略决策，对于供应链的运作起到了十分重要的作用。

流程的复杂性		信息的密集程度：低	信息的密集程度：高
	高	分散式的代理解决方案	分散式的代理解决方案
	低	基于网络模式的协同管理平台	分散式的代理解决方案或者基于网络模式的协同管理平台

图 4-21　供应链协同管理平台的选择矩阵

（二）基于 Web 的协同管理平台

在基于 Web 协同管理平台的框架中，Web 协同管理平台是整个系统的核心。它通过标准化的协议为企业提供各种信息资源的表示、发布、传输、定位和访问的解决方案。

Web 协同管理平台实施要面临以下三个方面的挑战。

（1）技术的挑战。由于数据来源的广泛性以及数据的格式多样性，所以基于 Web 的协同管理平台经常要对数据的完整性和可靠性进行检验。由于新业务的不断加入，基于网络的协同管理平台需要进行不断的更新和完善。此外，由于供应链成员企业可能会根据不同需求随时增加或减少，对于网络服务平台的处理功能要求会越来越高，所以基于 Web 的协同管理平台必须解决可扩展性的问题。

（2）组织的挑战。用户参与度的问题：由于人们可能已经习惯于传统的运作模式，所以如何让供应链中的企业积极地参与到协同管理平台中来是一个比较有挑战性的问题。人员的培训问题：要让各企业的员工能够熟悉并正确使用 Web 协同平台并非易事。新流程与旧流程之间的选择问题：既不能完全摒弃旧流程，也不能对不合理的流程置之不理。因此，在实施 Web 协同管理平台过程中，流程优化问题会十分复杂。

（3）多方合作的挑战。基于 Web 的协同管理平台要求各个企业能够共同接受同一套协同平台，因此各企业之间的合作十分重要，特别是当企业数量较多并且相互独立时。供应链中各企业之间往往具有一定的差异，有时甚至差异较大，要想通过协同平台提高供应链的整体竞争力，各企业就必须能够相互配合、多沟通、多合作。

（三）基于 Agent 的协同管理平台

多智能是目前智能化系统组成中一种应用比较多的模式，软件 Agent 是可以完成特定任务的具有行为能力的对象。它具有自治性、独立性、可通信性和自学习性。对于 Agent 的结构，根据不同的需求会有不同的结构模式。一般的 Agent 组成结构大致有通信类（执行与其他 Agent 的协商与通信）、功能类（执行各种行为功能）和库类（包括知识、规则库、数据库）等三大类单元。多 Agent 系统是由多个 Agent 组成的系统，Agent 之间及 Agent 与环境之间通过通信、协商和协作来共同完成任务。在此系统中，每个 Agent 都是一个任务与资源匹配的处理主体。因此，Agent 的基本功能是任务与资源的协调，敏捷供应链系统的组成结构更适合采用多代理结构。基于 Agent 的协同管理平台有不同的模块分别负责完成采购、运输、库存和销售等不同的功能。从而与供应链上各企业之间进行衔接。

第四节　面向供应链协同的云物流服务平台建设

用计算机信息处理技术带动物流运行模式，是一种新的运作模式，使物流服务水平得到了提升。新型的以互联网和云计算为依托的物流服务模式，将信息技术和供应链一体化，秉承着客户协同创新管理的理念，根据客户的需求整合各类物流资源和能力，通过动态的物流云服务聚合为客户提供“一揽子”的物流服务解决方案，其实现过程是一个复杂的系统工程，涉及许多管理和关键技术。下面主要介绍面向供应链协同的云物流服务平台建设。

一、云物流服务平台的角色分析

云物流服务平台是云物流运作的公共信息平台。云物流通过云物流服务平台的支撑来实现云物流服务的动态构建、系统运行和优化管理。

一体化的物流服务解决方案和服务运作过程中的业务系统是通过云物流服务平台的五种角色来实现的，这五种角色分别是物流服务需求方、物流服务提供方、物流整体解决方案提供方、云物流平台运营方和云物流服务认证中心。其中，物流服务提供方是指主要提供各类物流服务的专业物流提供商，它们通过应用物联网、虚拟化等技术，对其提供的物流资源和物流能力进行感知与虚拟化接入到云物流服务平台，通过云物流服务平台的服务化封装和注册后提供给云物流服务平台的运营商。物流服务需求方则是通过云物流服务平台发布需求信息，并在云物流服务平台的支持下，通过物流服务提供方或物流解决方案提供方实现物流服务链建模，物流服务的匹配、选择、优化调度及过程协同，以实现其服务需求。物流整体解决方案提供方主要是第四方物流企业或能提供综合物流服务的第三方物流企业，是能够根据客户的需求提供一体化物流服务解决方案的服务提供商。云物流服务平台运营商通过物流云服务平台，对服务提供方提供的物流服务进行高效的管理，并根据服务需求方的需求，动态、安全、可靠地为服务需求方提供其所需的特定物流云服务。云物流服务认证中心作为第三方的信用认证机构，对云物流平台的物流云服务及客户的信用、信誉信息进行评估，以确保供需双方在可信的情况下开展交易和业务服务。

二、面向供应链协同的云物流服务平台

云物流服务平台是支持向面向供应链协同的物流服务解决方案运作的信息化平台，它架构在云计算平台之上，服务于物流服务供应链全生命周期。云物流服务平台通过整合计算资源、物流装备、物流技术、物流公共服务等在内的各类资源和能力，通过物联网等相关技术进行智能感知和接入后，形成具有不同粒度的物流服务，围绕客户的服务需求按需提供安全、可靠的个性化服务。面向供应链协同的云物流服务平台的构建包括云平台、云服务和云应用的三个层次，如图 4-22 所示。

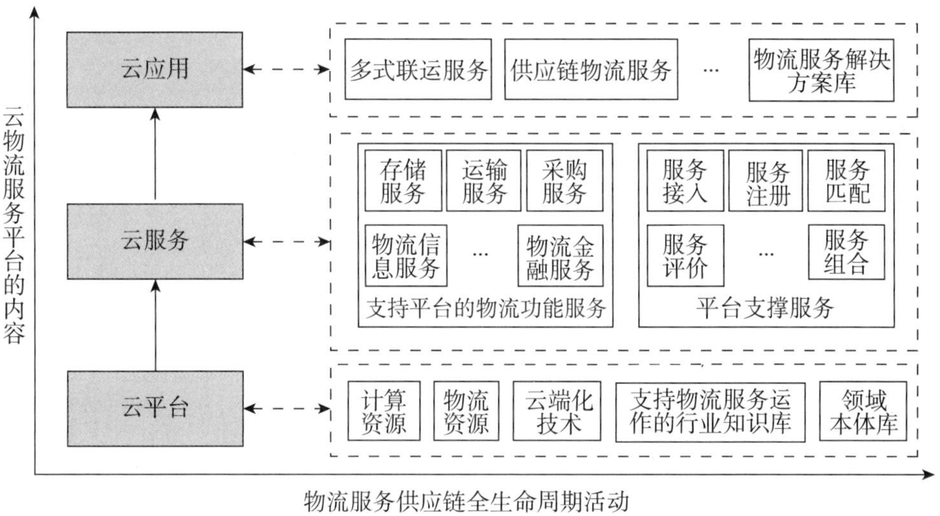

图 4-22 面向供应链协同的物流服务平台

其中，云平台构建在云计算技术平台之上，是整个平台的基础设施，包括支持云物流运作的计算资源、物流资源、云端化技术、支持物流服务运作的行业知识库和领域本体库。云物流服务平台的核心层就是云服务，其主要目的是支持平台的物流功能服务及平台支撑服务。云应用则是针对客户个性化物流服务和一体化物流服务的需求所提供的各类供应链的服务解决方案，如多式联运服务、供应链物流服务等，并支持在物流服务过程中的业务协同和按需集成。

三、面向供应链协同的云物流服务创新平台

面向供应链协同的云物流服务创新平台是支持云物流这种先进的物流服务模式运作的信息化支持平台，它是一个社会—技术系统，通过整合社会化物流服务资源为客户提供一体化的面向供应链的物流服务解决方案。根据云物流服务平台构建的内容，结合云计算、面向服务架构的软件体系结构的基本要素和面向供应链协同的物流服务运作的要求，相关研究人员根据云物流的服务思想、云物流服务角色类型和基于开放性的要求，构建了由平台支撑层、平台接入层、平台服务层、平台应用层、平台协同层和用户层构成的面向供应链协同的云物流服务创新平台的体系结构，如图 4-23 所示。

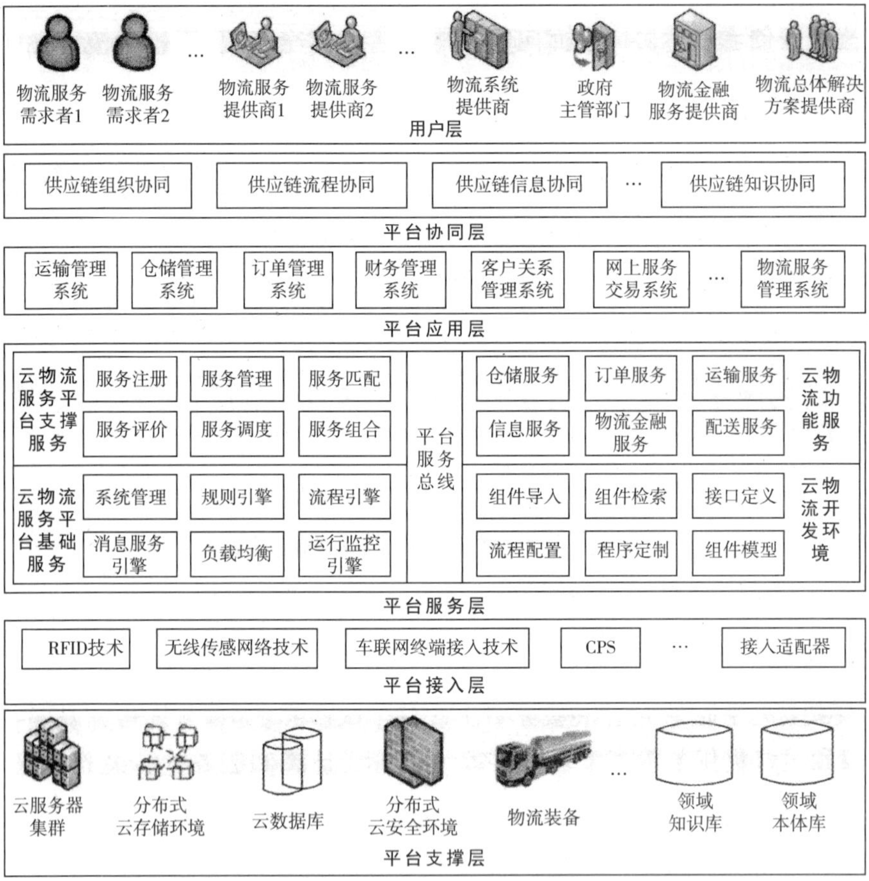

图 4-23　面向供应链协同的云物流服务创新平台体系结构

1. 平台支撑层

平台支撑层对应云计算的 IaaS 层。该层围绕云物流的特点对 IaaS 服务进行了扩展，将分布在不同物理位置的计算资源（如云服务器集群、分布式云存储环境、云数据库等）、安全设备、物流装备、领域知识库和领域本体库等各类资源进行整合，为云物流服务平台的运行提供环境支撑。

2. 平台接入层

平台接入层通过 RFID 技术、无线传感网络技术、车联网接入技术等物联网技术和 CPS（Cyber-Physical Systems，信息物理系统）、接入软件适配器对平台支撑层的各类计算资源与物流资源进行智能感知及接入，并通过虚拟化技术将各种资源虚拟化为云物流服务平台可用的云服务，支持云物流服务平台对虚拟云物流服务提供的各项管理功能。

3. 平台服务层

平台服务层对应云计算的 PaaS 层并进行了扩展。平台服务层在云物流服务总线的支持下实现对云物流服务平台的各类服务进行集成和管理。平台服务层提供云物流服务平台基础服务、云物流服务平台支撑服务、云物流开发环境、云物流功能服务等四大类服务和功能集合。其中，云物流服务平台基础服务为云物流服务平台的运行提供各类基础性的系统服务，如系统管理、规则引擎、流程引擎、负载均衡、消息服务引擎、运行监控引擎等服务；云物流服务平台支撑服务基于 Web 服务技术为云物流服务平台服务管理和运作提供诸如服务注册、服务管理、服务匹配、服务评价以及服务调度等关键服务支撑技术；云物流开发环境为云物流服务平台功能的扩展和集成提供开发环境，使基于云计算和 SOA（Service Oriented Architecture，面向服务的架构）规范的第三方开发商与系统能够集成到云物流服务平台；云物流功能服务是面向物流领域、基于平台规范的各类物流功能服务，是构成客户物流服务解决方案的基本要素。

4. 平台应用层

平台应用层对应云计算的 SaaS 层。它通过整合平台服务层中的各类物流功能服务以服务的方式为用户提供各类物流信息化软件（如运输管理系统、仓储管理系统、客户关系管理系统等）和各类物流服务解决方案，用户只需要根据使用情况进行付费，而无须购买软件套件。

5. 平台协同层

平台协同层面向物流服务供应链全过程，通过物流服务需求解析、任务分解、服务匹配、物流服务供应链构建与运行等环节对物流服务供应链的组织协同、流程协同、信息协同、知识协同过程进行支持和管理。

6. 用户层

用户层是平台的门户系统，它为云物流服务运行的各参与角色，如物流服务需求者、物流服务提供商、物流系统提供商、政府主管部门、物流服务整体解决方案提供商等提供人机交互平台，参与云物流服务的交易、运作和监管。

四、面向供应链协同的云物流服务创新平台应用模式与运作过程

面向供应链协同的云物流服务创新平台是一个典型的物流信息化服务平台，平台的应用模式和商业模式的优劣直接决定了物流信息化公共服务平台的生命力。在互联网应用的初期，学术界和产业界基于应用服务提供商模式对行业信息化公共服务平台进行了试验和尝试，为云物流服务平台的建设和运营提供了很多宝贵的经验。随着云计算的兴起，行业信息化公共服务平台已经成为行业信息化建设的重要内容。

本书沿用相关研究人员的研究成果，在此针对云物流服务平台的构建方式和服务提供的方式不同，提出基于公有云的云物流应用模式、基于私有云的云物流应用模式和基于混合云的云物流应用模式三种基于云物流服务平台的云物流应用模式。

面向供应链协同的云物流服务创新平台的应用模式是根据客户的需求，围绕供应链解决方案展开，服务过程一般涉及多个物流服务提供商协同工作，因此，面向供应链协同的云物流服务创新平台应用模式是一种典型的基于云物流服务平台的第四方物流运作模式。在这种应用模式下，依托于云物流服务平台的第四方物流供应商是整个应用模式的核心要素，是整条供应链的规划、控制和协调中心，实现对面向供应链的客户物流服务解决方案整个过程的管理和协调，该应用模式的具体运作过程如下。

（一）资源和服务需求集聚阶段

云物流服务创新平台可以看作一个双边市场，物流服务提供商通过虚拟化、服务化等相关技术和方法，把物流资源与能力发布到云物流服务创新平台，形成云物流服务供按需调用和使用，以实现“分散资源集中使用，集中资源分散服务”的云服务理念；客户则把物流服务需求根据云物流服务创新平台提供的任务模板进行规范化后发布到云物流服务创新平台，从而形成一个由海量物流云服务和客户需求构成的物流服务交易市场。

（二）物流服务供应链解决方案规划阶段

供应链物流服务解决方案提供商（第四方物流服务供应商）根据客户在云物流服务创新平台发布的服务需求，依托云物流服务创新平台进行服务需求的分解。在总体的功能需求和服务质量要求的约束下进行云物流服务的智能匹配、评价和选择，通过云物流服务创新平台的交易机制（如通过拍卖、定价交易、自动协商等方式）达成服务合作协议，并在云物流服务创新平台服务组合引擎等基础服务的支持下形成相应的面向供应链的物流服务解决方案。

（三）物流服务供应链执行阶段

基于物流服务的特点，在物流服务供应链执行阶段，由第四方物流供应商主导采用线上和线下相结合的方式对物流服务供应链的执行进行动态管理与业务协同。在物流服务供应链执行过程中，供应链的物流执行计划的制订与执行、物流执行过程的实时监控、物流信息的即时通信、业务运作过程中协作和知识共享等功能都通过云物流服务平台在线实现，并由第四方物流企业在线进行全过程的管理和监控。物流的实际业务运作（如运输、仓储等）以及资源的日常调配和管理通过线下的方式进行。同时，通过物联网、信息物理系统、通信网络等智能感知和接入技术实现线上系统与线下运作的无缝对接。

（四）利益分配和绩效评价阶段

在物流服务结束后，在云物流服务创新平台的支持下，由第四方物流供应商主导按照事先约定的服务契约进行利益分配和结算工作，并对服务过程中形成的创新成果和服务知识进行总结与提炼，更新到物流云服务平台的运作案例和知识库中。同时，基于物流云服务创新平台的绩效评价机制，由客户、第四方物流供应商和参与的专业第三方物流服务供应商对服务的综合绩效及参与业务服务的主体进行绩效评价，并把评价结果更新到物流云服务创新平台的服务质量库中，为以后的物流服务供应商的选择和评价提供依据。

第五节　基于区块链的供应链协同发展

一、区块链下供应链协同的特征

就区块链下的供应链协同来看，其主要具备以下几点特征。

（一）目标性

区块链下供应链协同的目的是促进区域供应链系统总目标的实现，若没有这个总目标，相应的子系统和相关部门就可能产生迷失，这时候根本无法开展供应链节点企业之间的合作。所以，区块链下供应链的协同前提是具备统一的目标。

（二）关联性

在区块链下，供应链系统包含的企业之间应该是存在一定联系的，它们共同构成了一个利益整体。因为如果它们不是利益共同体的关系，区域供应链系统中就很难成为一个整体，也谈不上相互之间的合作和协同，这样供应链中的相关系统和部门目标也就很难实现。

（三）网络性

只有在相关子系统中，依托先进的信息科技和互联网技术支持，才可以构建一个全方位、多层次的综合信息平台，为信息传递和问题解决提供可靠的路径与方法。

（四）动态性

基于系统论的观点，所有系统协同都不可能是一成不变的，相应的系统协同都是处于不断的变化之中的，具有动态性。

（五）共生性

区块链下的供应链节点企业之间都存在相互依存、相互关联的关系，具有典型的共生性。

二、区块链下供应链协同管理的实现措施

要实现区块链下供应链协同管理，可以从以下几个措施着手。

（一）构建区块链联盟，探究供应链协同发展空间

区块链的发展绝不是“单打独斗”，它需要与云计算、人工智能等多项技术联合，人才队伍和学科专业建设并举。联盟可以邀请业内资深专家组成咨询委员会，国内外知名专家、学者、企业家组成技术委员会；联盟下设若干专业委员会。联盟专业委员会是联盟开展学术活动、科技活动、合作交流的主体，联盟成员可以根据区块链发展中不同层面、不同方向、不同细分领域的研究、开发及应用的发展需要来成立各种各样的专业委员会。外部需求通过各专委会达成对接与合作。如果遇到较为复杂的情况，提交联盟秘书协调咨询委员会和技术委员会会商决策，寻求更广泛的合作空间。

联盟要以“加强产学研用合作，共同推进区块链发展”为理念，致力于推进区块链在经济建设和社会治理中的应用深度，开展多样化、多层次的技术合作与交流，为区块链发展提供决策咨询、技术支撑、人才资源、融资渠道以及应用示范，打造区块链的政策智囊、技术中坚以及应用推广主力军。

（二）构建供应链企业间的信息化和数据共享机制

在目前的网络信息技术高速发展的时期，社会经济发展加速，整体的社会分工也越来越明确，想要一枝独秀是不现实的，要实现可持续发展，唯有协同才能够实现共生。所以，对于制造业而言，构建区块链下的供应链管理体系需要做好配合工作，强化协同发展和应用。

而要实现对于供应链中相关企业数据孤岛问题的解决，不断提升相关企业

制造能力，需要的并不仅是推动产业向智能发展方向转型，还需要和外部供应链的资源协同，这就需要加快构建相关供应链企业之间的信息化和数据共享机制，真正将采购和供应方面的信息打通，加强沟通和互动，促进有效的协同供应机制构建。为了实现这一点，相关的供应链企业可以基于同一的发展目标和方向，构建信息协同和共享平台，扩大数据信息的开放度，促进相关企业间的信息和数据共享机制构建，方便及时、全面地把握相关行业数据，促进相关企业的协同发展。在区块链下的供应链信息协同平台构建中，要为相关企业提供优化的工具支持，促进供应链企业管理能力优化。在进行供应链网络化以及数据化的发展过程中，要搭建供应链企业之间的利益和信息互通桥梁，构成协同效应，避免信息孤岛情况的出现，让相关协作中的企业都能够为构建供应链下的大数据服务，促进协同效力不断提升，创新协同和合作模式等。

（三）加快区块链联盟建设，完善区块链基础

成立区块链联盟，是实现政府、科研、技术、企业等交流融合的重要途径和模式，能够为行业提供必要的人才支持，让人才在合适的岗位中发光发热，将技术作为支撑促进场景方案优化，构建与市场和行业发展相适应的区块链生态系统。企业、政府可以合作，共同构建相关的产业基地，建设区域数字经济产业园，吸引有实力、有资源的优质企业入驻，成立发展基金，促进整体区块链产业规模不断扩大发展。

第五章

区块链技术在不同行业的供应链中的应用

区块链技术天然地契合供应链管理的需求，与供应链及服务创新的关系日益紧密。首先，区块链的链式结构，可理解为一种能储存信息的时间序列数据结构。这与供应链中产品逐级流转的形式有相似之处。其次，区块链作为一种基于信息共享与严格记账规则的去中心化大规模协作工具，可以提高供应链上下游的信息透明度，降低整个供应链的成本和风险。这天然地契合供应链流程与服务化过程中多方交互协作、模块定制组合等特征和管理需求。最后，区块链技术可以有效地对供应链上企业间的交易进行数字化的加密处理，并建立一个分散式的、所有交易信息不可更改的数据存储结构。区块链技术所带来的数据安全性以及质量方面的保障有助于实现数据的实时共享，提高供应链数据的透明度。供应链上的企业可以更加有效地使用端到端的透明化、高质量的数据，从而有效地降低获取高质量数据信息的时间成本。区块链技术有很大的潜力对供应链与服务创新过程中信息孤岛、流程冗余、各方强势、关系盘根交错等痛点对症下药。

目前，区块链技术已经在诸多行业的供应链管理中得到一些尝试和应用，如食品行业供应链溯源、医药行业供应链溯源等的实践和应用。但是，总的来说，区块链技术在供应链管理中的应用还处于一个非常早期的阶段，尚未形成统一的技术标准，各种应用方案也还在试错当中。然而，其改造供应链与服务流程的前景，以及驱动供应链与服务创新的能力已毋庸置疑。因此，本章通过介绍区块链技术在食品行业供应链溯源、医药行业、物流行业、供应链金融等行业中的应用，分析区块链技术驱动供应链与服务创新过程中的机遇和挑战。

第一节　区块链技术在食品行业供应链溯源中的应用

食品质量安全历来是人们关注的焦点。食品安全不但关乎人民的身体健康，更关乎国家的经济发展和社会稳定。这使得食品行业供应链溯源的重要性日益凸显。然而，传统的食品行业供应链溯源技术（如射频识别技术等）尚不能满足这一需求，仍面临着一系列的痛点和挑战。区块链技术所具有的独特性使其在食品行业供应链溯源中的价值日渐凸显，一些企业对此进行了实践探索，也取得了一定的成效。

一、传统的食品供应链溯源技术

食品供应链溯源的目的在于使食品链的各个环节（包括生产、加工、配送以及销售等），食品及其相关信息能够被跟踪和追溯，使食品的整个生产经营活动处于有效的监控之中。[①] 食品供应链溯源涉及生产、加工、存储、运输、零售等多个环节，涉及的参与者包括上游供应商、生产商、仓库商、承运商、经销商、消费者等。

我国现行的食品供应链溯源技术主要包括射频识别（RFID）、条形码以及传感器网络等技术。RFID 技术利用电子芯片记录货品流转信息，通过扫描芯片的标签可以获得食品的相对位置信息。二维码技术主要用于获得食品的基础信息。而通过扫描条码可以获取与食品相关的时间信息。传感器网络则利用传感器获得食品生长环境或者加工环境的信息。[②] 这些食品供应链溯源技术的应用在一定程度上有助于提高食品的安全性，但是总的来说仍然存在着很多问题。其中最重要的问题可以总结为以下三个方面。

第一，传统的溯源系统的中心化数据存储模式带来的信任问题。在这些传统的食品供应链溯源模式下，存在一个中心化的数据库，由供应链上的某个组织

① 杨明亮 . 食品溯源 [J]. 中国卫生法制，2006（6）：4–8.
② 金凯 . 基于区块链的食品供应链溯源系统设计与实现 [D]. 北京：北京工业大学，2019.

掌握。这使得更改或删除数据的成本并不高，数据的真实性、安全性难以得到保证。无论是由源头企业保存信息还是由渠道商、经销商保存信息，作为供应链上的利益相关者，当账本信息对拥有数据的一方不利时，就会存在账本被篡改的风险，从而使溯源信息失效。数据的不可篡改性无法得到有效的保障。因此，传统的溯源系统在信息安全、流转记录的保护措施等方面的缺陷使得其难以得到人们的完全信任。

第二，缺乏动力去实时更新完整的溯源信息。对于商家而言，进行食品溯源的目的更多的是降低发生质量事故的风险，并没有很大动力对外公布生产过程中的数据。而业内提供的追溯技术解决方案也主要聚焦于企业内部产品质量控制和改善的环节。这种程度的追溯并不会给消费者的购买决策带来实质性的影响。例如，某坚果类产品，根据条码在中国食品（产品）安全追溯平台上的查询结果，其披露的信息仅包含生产企业的名称、企业注册地址、产品分类、产品品牌、产品名称及产品规格等信息；而其他重要信息，诸如产品标准号、标准名称、上下市日期乃至相关资质证书均为空白。该平台所能提供的溯源信息甚至不如商品外包装上所显示的信息丰富。同样，不少品牌的查询结果也是相似的。

第三，信息整合效率低，信息处理成本居高不下。食品溯源过程涉及多个供应链环节、多个参与主体，这也意味着会产生大量的数据信息。而不同环节的诸多参与主体所使用的供应链溯源系统的不一致性大大降低了整合整个食品供应链数据的效率，信息处理成本居高不下，且限制了挖掘数据潜在价值的可能性。

针对上述传统食品供应链溯源技术所存在的问题和不足，新兴的区块链技术或将成为缓解甚至解决上述问题的一个选择。

二、区块链技术在食品行业供应链溯源中的应用价值

2019 年 10 月，中共中央总书记习近平在中共中央政治局第十八次集体学习时突出强调了区块链技术在食品安全等领域的重要应用，并指出要积极推动区块链技术在商品防伪、食品安全等领域的应用。[①] 使用区块链技术来实施食品供应

① 习近平主持中央政治局第十八次集体学习并讲话 .（2019-10-25）［2019-11-07］.http://www.gov.cn/xinwen/2019-10/25/content_5444957.htm.

链溯源，是供应链多主体参与、跨时空流转等客观特点的要求。由区块链技术加持的溯源系统能很好地利用区块链技术的特点，部分解决传统溯源系统存在的不足和弊端。尤其是，区块链技术所具有的能够整合多个交易主体的共识机制、分布式数据存储结构、点对点传输和加密算法等多项技术特性，提供了一个可以实现多主体间信息快捷同步、块链式存储、信息极难篡改的理想、可信的信息管理解决方案。具体而言，区块链在食品供应链溯源方面的应用价值至少体现在以下四个方面。

（一）实现商品信息透明共享

通过商品统一的身份标识，对其供应链全流程信息进行记录、传递、核验、分析，实现供应链网络节点上数据的联通性、一致性、完整性和准确性，解决各企业之间信息孤岛的问题，实现信息的透明共享。区块链技术所构建的分布式数据存储结构使得食品供应链上的各个环节，如生产、加工、储存、运输、零售等可以根据约定的结构同时上传各个节点的数据信息，实现数据的联通性。例如，处于生产环节的企业将农作物的生产环境、种植条件等信息上链（把信息传到区块链上），处于加工环节的企业将加工环境如加工设备、使用添加剂等信息上链，处于仓储环节的企业将商品入库与出库时间、温度等信息上链，处于运输环节的企业将运输工具诸如冷藏集装箱内的温度、位置等信息上链，等等。另外，区块链基于时间先后顺序的数据记录使得不同的参与主体能够互验数据，确保了信息的质量。

（二）确保记录信息不可篡改

通过为生产商、经销商、物流服务商、零售商、政府监管机构、检测机构等主体建立网络节点，可借助物联网技术将产品的原材料采购、生产、加工、仓储、物流、零售等信息自动存储在区块链网络当中。信息上链后会自动同步到各个节点。例如，当处于生产环节的企业将收获的农作物信息，如生长环境、种植条件等信息上传网络之后，该信息将同步到区块链网络中的其他节点，诸如加工、仓储、运输、零售等环节。任一参与主体无法对整个记录信息进行篡改，保证了链上信息和数据的安全性。此外，结合 RFID 技术、传感器网络等多种物联网技术，有助于保障源头信息的真实性，实现更安全的防伪验证。

（三）提升供应链各主体的协同效率

供应链上下游企业基于共同的区块链网络，利用分布式账本对从原材料开始到生产加工、仓储物流、供应商中转再到零售终端全链条信息进行维护。各参与主体信息共享、互相监督，实现对供应链上下游整体状态的及时了解，提升商品供应链流转效率。区块链技术赋能的信息共享也便于参与各方快速作出决策，降低沟通和协调成本。例如，处于仓储环节的企业可以基于链上相关数据进行动态仓储管理，优化仓储决策，减少诸如商品变质、过期等导致的成本。

同时，基于区块链技术，可以实现将全流程的信息以可视化的方式传递给消费者，提升消费者对商品品质的信任度和满意度。智能合约的存在可以加快商品在供应链各个环节的流转，提高供应链响应速度。例如，基于区块链技术所建立的生产者和加工者之间的数字化智能合约，在农作物满足数字化契约中的相关要求（如生产环境、种植条件、化肥施用或农药使用的情况）之后，生产者和加工者之间自动达成产品交易，相关的交易记录也会被存储在区块中。

（四）助力政府部门实现有效监管

基于区块链技术，通过区块链网络的信息同步，政府监管部门可以作为一个节点加入整个区块链网络当中，监督企业行为是否合规，如检查相应的食品安全规章制度是否执行等，实现有效、快速的监管。在发现问题时，可以快速定位问题来源，确定召回范围，实现来源可查、去向可追、责任可究，以快速、可靠的技术方式保证食品的安全与质量管控，保障消费者的合法权益。相关合规结果也可以作为企业数字信用证明的一部分。

三、实践应用

（一）背景介绍

冷链是特殊的供应链系统，泛指冷藏冷冻类食品药品的生产、储藏、运输、销售等各个环节中始终处于规定的低温环境，以保证质量的一套系统工程。中链科技有限公司和某大型肉类协会及某大型冷链公司合作，针对冷链溯源业务的定制化需求分别提供具有各自业务特点的解决方案，打造基于区块链的全程冷链溯源平台。由于区块链具有打破信息垄断、实现数据共享的特点，因而该平台解决了传统溯源技术中标准不一致、无法体系化，原材料提供商、生产厂家、物流方等多方彼此隔离难以互信的难题，打造了多方参与的生态。该平台通过智能合约实现资源的整合和各方效益的最大化，构筑新型合作共赢的生态场景。

（二）整体方案

中链科技冷链溯源解决方案采用区块链技术、RFID 技术和传感技术，以及云计算、大数据等技术手段，打造冷链物流环境监测及溯源平台（见图 5–1）。

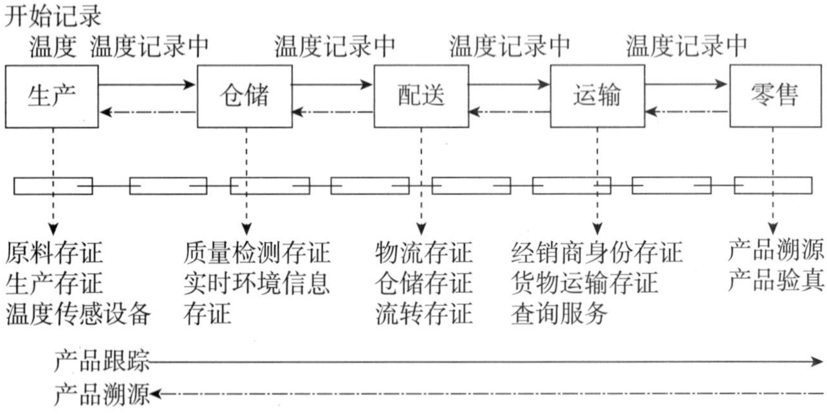

图 5–1　冷链物流环境监测及溯源平台

该方案主要包括以下几项功能。

1. 可信溯源

中链区块链冷链溯源解决方案打造的冷链溯源生态体系，将冷链关键环节的各方作为节点，实现原料、生产、仓储、配送、运输、零售等各个环节的生产数据、产品数据、卫星定位数据、冷链物流数据，物流运输过程中温度、湿度、光线等数据经哈希加密后全程入链存证，打造可信存证基础设施平台，为溯源提供可信数据支撑。

2. 实时监控

在冷链商品的流通过程中，对流通领域内的温度、湿度等信息进行全天候的实时监控，严格保障冷链商品的环境参数在规定范围内。

3. 预警管理

在冷链商品运输中，一旦发现环境中的温度、湿度等参数超标，系统会自动对异常情况预警，及时采取有效的防范措施。

4. 查询服务

该平台可面向生产商、经销商、零售商、终端消费者等提供不同类型的信息查询服务，让经销商实时掌握冷链商品运输中的状态，让终端消费者买到放心商品。

除以上功能外，该平台还提供运输过程中的冷链商品交接管理、实时 GPS 定位、报表分析及管理、用户管理、资产管理、产品档案管理、人员身份管理等功能。

冷链物流中的温度和时间是必须考虑的两个重要因素，且贯穿于储存和配送的整个过程中。平台基于 RFID 技术及传感技术进行冷链物流环境监测，可实时监测商品在储存、运输阶段的环境参数，并通过监控中心判断是否符合标准，以便及时调整，减少损失。平台采用 RFID 标签取代传统的环境监控方法，标签内部装有天线 RFID 芯片、温度传感器、湿度传感器以及光线传感器。标签安放在合适的位置后，传感器将实时采集所处环境的温度、湿度、光照信息，并将信息写入标签的芯片内，按规定的时间间隔将信息传输到阅读器中。阅读器的信息通过无线网络上报监控中心。由监控中心存储并分析收到的数据，如有异常情况，则及时报警，采取措施。其过程中所有的温度、湿度及光线信息全程入链存证，防止数据被删除和篡改，为冷链溯源平台提供了可信数据支撑。

基于区块链的冷链溯源系统正在建设过程中，它可以打造可信冷链溯源联盟链，将生产企业、冷链物流企业、政府监管部门、冷链仓储机构、监测机构等部门纳入联盟网络，通过区块链网络进行数据共享和传输，保障各方信息实时同步，有效地避免了由于信息造假、篡改等问题给平台带来的失信隐患，打造了各方互信共享的可信冷链溯源生态。

第二节　区块链技术在医药行业中的应用

目前，区块链在医药行业中的应用主要表现在以下几个方面。

一、建立链上患者身份，保证患者隐私

传统的医院身份认证需要患者使用身份证或者医保卡进行登记挂号，更换不同医院时需要重复使用身份证进行登记。在进行身份登记时，患者的身份特征、疾病情况、治疗方案、支付情况以及患者的生物特征等都属于敏感信息，在多次重复登记中，不仅过程烦琐，还容易出现信息无法及时同步更新或者信息泄露等隐患。而通过区块链技术充分利用这些信息进行身份标识，不仅可以大大简化看病的登记流程，提升部门效率，还能有效地规避以上隐患，确保患者医疗隐私信息的安全。

二、构建电子病历档案系统

传统的医院病历是纸质病历的形式，一旦患者需要更换医生、转院等，都需要带上之前的病历说明、检查记录、用药记录等一系列文件，过程较为烦琐。一旦这类资料丢失，情况将更为复杂。第一个“电子病历系统”（Electronic Health Record，EHR）诞生于 1972 年。在此后的几十年里，电子病历主要被用来计费。电子病历的结构和应用流程既不直观也不友好。EHR 主要存在两方面的问题：一是设计存在缺陷，输入和访问患者数据所需的时间比调阅纸质病历还

要长；二是信息不共享，一个 EHR 无法与另一个 EHR 进行连接，医生难以访问患者来自其他医院的信息。

在采用区块链进行患者身份登记之后，在个人身份下建立患者的检查记录、治疗情况的电子信息，并将其储存在云系统中的某个位置。不仅患者的检查将记录在区块链中，医疗设备更新也会记录在区块链中，通过医生和医院就可以得到验证，并且区块链中的这些信息将会永久保存，是透明的和可查询的。在允许医生访问该患者数据之后，医生可以实时更新患者数据。

一旦新的数据被录入了，系统就会及时更新，下次就诊时，其他医生将会看到最新数据，不再需要重复的表格和文件。这个新的模式中，患者的健康数据将不再被分散到多个医疗保健提供商中，而是由患者自己对数据的访问进行控制，这些数据将存储在个人的虚拟档案中。

三、实现药品回溯

医药行业是国民经济的重要组成部分。自 20 世纪 70 年代以来，全球制药行业始终保持高于国民经济的发展速度。随着我国居民生活水平及城镇化水平的不断提高、医疗保险制度改革的全面推进以及人口老龄化程度的不断加深，我国的医药行业需求在很长时间内仍将保持刚性，且从长期来看具有巨大的发展前景。然而，医药行业供应链的特点也使得该行业面临着医药质量安全问题等挑战，并对供应链溯源提出了要求。区块链技术对解决医药行业供应链溯源中的痛点问题有着重要的应用价值，在实践中也得到了一定的应用，并且呈现出广阔的应用前景。

（一）医药行业供应链的特征

医药行业供应链形态较为复杂。简单来说，其上游主要包括中药、化学药、生物药等生产企业，中游为药品流通企业，下游为医院、诊所、零售药房直至患者。传统医药行业流通模式如图 5–2 所示。医药行业的上游企业是知识密集、资本密集型企业，具有较高的技术壁垒、较高的人才需求、较大的资金资产投入、较长的产品研发周期，并且一旦成功会获得丰厚的利润回报等特点。中游企业除了需要具备一些必要的药品流通资质外，还承受着比较大的资金压力。下游也具有一定的知识门槛，大部分药品必须在专业医师、药师的指导下使用。

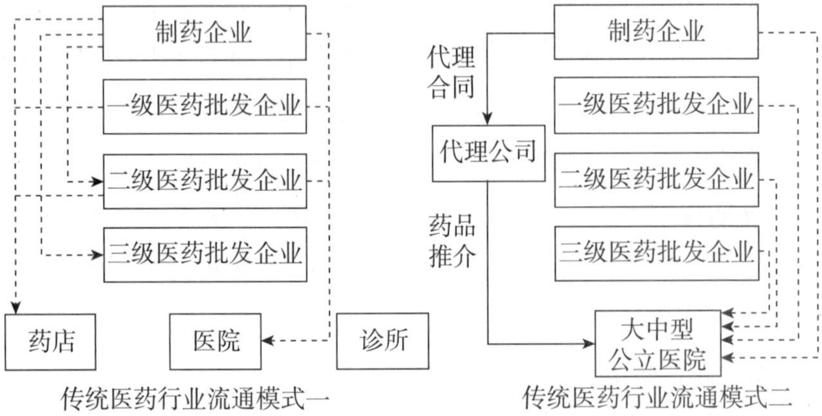

图 5-2 传统医药行业流通模式

总的来看，传统医药行业的供应链具有分销层级多、覆盖范围窄、中间库存大、终端类型多、库存周转慢、价格维护难、厂家与用户无互动、厂家营销维护人员多等特征。医药行业供应链的这些特征也使得医药行业供应链的运作存在着较大的风险，也为医药行业供应链溯源提出了挑战。

（二）医药行业供应链溯源的意义与应用价值

开展药品溯源工作具有重要意义。这主要体现在以下三个方面：一是建立溯源机制可以有效地监控企业，防止企业为了追逐利益而生产或经营存在质量安全问题的药品。假冒伪劣药品不仅无治疗作用，还可能给患者的生命和健康造成重大危害，甚至可能对更多的人造成间接伤害，扰乱正常市场秩序，导致市场配置资源的效率低下。二是部分药品具有社会福利性质（如医疗保险报销目录内的药物等），需要引入溯源机制来协助政府做出引导药品生产、分配、监管的决策。三是药品溯源带来的信息透明将有利于解决药品信息不对称所带来的问题。

区块链技术可以提供去中心化的系统运行机制，打破了互联网的治理边界，实现真正意义上的数据公开透明，并基于分布式数据存储，增强了数据可追溯性。数据一旦被区块链记录，就会在全网传播、达成共识并存储；而基于数据广泛分布于全网节点中的特征，任何人单方面篡改数据都是不可能的。这一特征确保了数据的真实可信。

区块链技术具备改变医疗保健行业的潜力，尤其是在医药行业供应链领域。每年医药行业由假冒伪劣药品和患者安全问题造成的损失非常高，而区块链技术的应用可能会扭转这一局势，并在政府监管、企业经营、提升消费者信心等多方面具有积极意义和价值。从政府监管的角度来说，区块链技术和结构功能非常契合药品供应链安全监管的核心要求。通过药品区块链追溯技术可以有效地分配监管资源，提升监管效率，提高监管质量。同时，畅通的药品信息追溯平台可以实现监管部门之间的信息实时共享，为科学决策和监管提供数据支撑。从企业经营的角度来说，公开、透明、有效的药品信息追溯平台可以实时发布药品市场监测信息，即时通报不合格药品召回信息等，使消费者了解药品安全的真实情况，提升消费者信心并推动企业的信用建设。从消费者的角度来说，消费者可以通过公正、有效、实时、透明的药品信息追溯平台及时规避药品安全风险，防范所谓的“SSFFC 药物”，即不合格（Substandard）、假的（Spurious）、不实标签（Falsely labeled）、伪造（Falsified）和假冒（Counterfeit）药物，以降低药害事件发生概率。

（三）区块链技术在医药行业供应链溯源中的应用场景

区块链技术在医药行业供应链溯源中的应用目前集中在以下几个场景。

（1）药品质量和安全追溯。在许多国家，处方药被要求利用一个电子的可互操作系统来识别和追踪其分发全过程。美国食品药品监督管理局明确要求所有处方药的制造商、分销商和各种药房都必须遵守此原则。

（2）非法和管制类药物的监管。美国联邦政府正逐步支持医药行业负责监控供应链，监管非法和管制类药物，并对违规的分销商进行经济惩罚。

（3）冷链监测。根据众多国内外机构的规定和指导方针，在整个药品供应链中需确保药品全程冷链运输。

（4）保障药物活性成分。利用区块链技术，追溯药物活性成分的来源和产地，以从源头开始监管药物活性成分的有效性和安全性。

（5）打击假冒伪劣药品和优化医药行业供应链。在传统的药品流通模式下，通过互联网贩卖假冒伪劣药品的行为时有发生。消费者或医疗服务机构无法追溯药品的来源。而应用区块链技术，药品流通模式的性质迫使多方参与者在审计和跟踪库存方面具有同等透明度，环环相扣，以确保药品尽可能安全、快速地送达消费者手中。如果供应链上每一方都能看到各个环节的流转信息，并对药品分布进行确认，那么，假冒伪劣药品想鱼目混珠进入医疗市场就会难如登天。

四、实现医疗普惠

与传统医疗不同的是，区块链技术能够在最大限度上解决医生与患者之间的直接诉求和利益冲突。通过构建一个分布式的普惠医疗金融区块链平台，能够实现医院、医生、患者、保险、药企、分销商等之间的结构重组，达成“共识”利益，最终实现医疗“普惠”。

具体而言，分布式的普惠医疗金融区块链平台，能够基于健康医疗大数据重新连接医疗机构、健康保险、医生团体等健康相关产业，形成运动、健康、保障、医疗、康复的正向循环，打造普惠医疗健康金融生态系统。首先，该平台能够实现智能化医疗管理。它以一种承诺服务的形式，通过智能合约将服务分发给用户。其次，该平台能够实现“普惠健康险”。用户可以通过加入切合自己的保障计划与医生形成一对一的交流，有效地解决医生与用户之间的直接诉求。最后，该平台还能在病前预防中发挥积极作用。其借助区块链技术激励机制帮助人们有效地改善生活习惯，用户可在平台内进行运动记录、上传病例报告，观看科普文章或者与医生进行健康互动，并获得相应奖励（如医疗数字货币等），从而有效地帮助用户做好疾病预防，降低生病概率。

五、改善医疗保险现状

从整个医疗保险的发展现状来看，区块链技术有助于提升医疗保险效率：一方面，能够防止骗保行为的发生；另一方面，可以为真正需要医疗保险的人提供支持。

我国不少相互保险和保险科技公司设计出“家庭保障计划”“在线问诊”等互联网产品，以类保险的方式重新分配高度集中化的优质医生资源，一定程度上缓解“看病难”的问题。部分机构将区块链应用到医疗保障领域，把患者的部分数据写入区块链，由智能合约自动执行保障计划，既可以减少互联网保险中的逆向选择和道德风险，也有助于医生树立个人品牌。

第三节　区块链技术在物流行业中的应用

一、“区块链 + 物流”的应用价值

区块链技术为应对物流行业中存在的挑战提供了新的思路。

首先，区块链的分布式存储本身是一种更稳健的数据管理方式，有效提升了数据的安全性。与多区域同步备份等传统数据保护方法相比，区块链可以在同样保障数据安全的前提下，一举多得地解决物流环节不同参与方争夺数据以及多源数据的整合成本等问题。例如，发货方、仓储方、运输方和收货方可以组建联盟链，以约定好的格式将货物在它们之间流转所形成的关键数据上链（涉及各家商业隐私的部分不用上链，或通过链外计算、链上寻址等方式保护隐私）。数据上链后不仅可实现多方自动共享，且格式统一，不再需要进行大量的整理。对于更多维度的数据整合，区块链的数字身份签名、时间戳等技术也能有效保障数据的来源可追溯、主权可确认，降低双方乃至多方数据整合时的交易成本。

其次，区块链的共识机制可以有效避免单方面的数据篡改，从而消除对可信中介方的依赖，以较低的成本建立信用。例如，仓库、港口、海关、检验检疫、货运代理、船运公司、空运公司及陆运公司等物流链条上的任何节点都可以将货物与单证的关键信息（货物的物权、数量、质量、状态等）在区块链上存证，使其变成全节点信任的信息，那么借贸易之名的欺诈行为将无处遁形。在此基础

上，物流全链条的追溯也将更加可信——由于没有节点能够篡改数据（一旦数据有所变动，就会在链上留下痕迹），因此也就无法实施调包、串货等机会主义行为。

最后，在共识机制的基础上，基于区块链的智能合约有助于减少业务流转过程中的纠纷。例如，在对账结算环节，双方将各自计费账单上的关键信息（货品、数量、质量、状态、计费方式等）与执行条件录入区块链，一旦合约的执行条件得到满足（如司机成功递交交货确认书，且货物的各项属性信息正确），合约便可以自动对账结算，整个过程高度透明（见图 5-3）。区块链点对点交易、非对称加密等特性也同时保障了合约中的敏感信息不被链上的其他参与方看到。另外，对于集装箱、托盘这类具有高流动性的物流要素，在上链之后也能更透明地跨组织流转，其拥有者与使用者可以在任何时候查看其状态，当出现遗失或损坏时，也能通过追溯清楚地找到责任方。

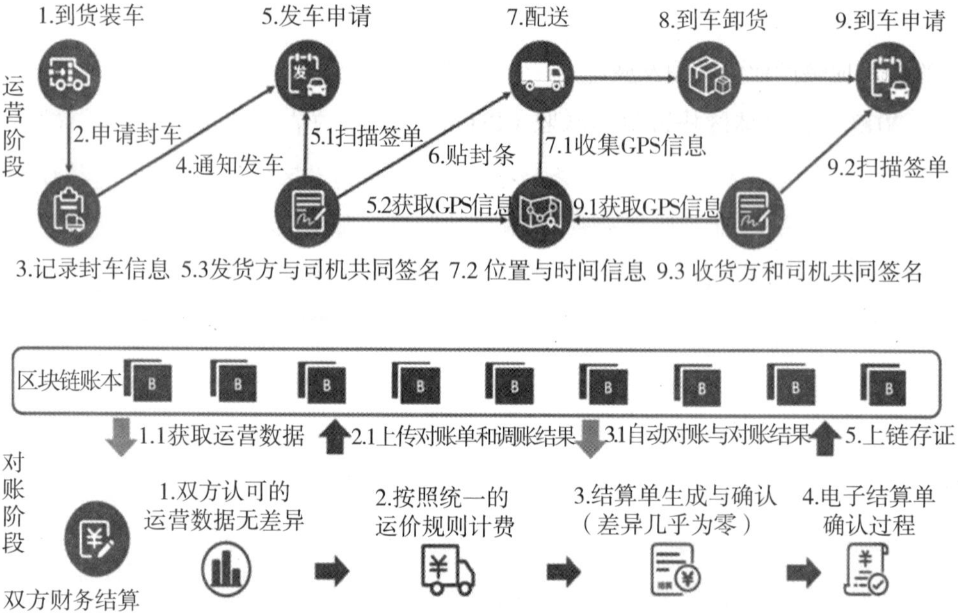

图 5-3　一个基于区块链技术的典型运输及对账流程

由此可见，区块链技术在理论上能够较好地解决中国物流行业当前面临的一些关键问题。在数字化与智慧物流的大趋势下，区块链技术拥有很好的应用前景。

2018年，IBM对来自16个国家和地区的202名物流业高管进行了调研，结果表明，14%的受访高管正在运用和投资区块链，77%的受访高管希望在未来1~3年内将区块链网络投入生产，70%的受访高管预计区块链将有助于降低物流成本、提高交付速度和缓解风险。

同年，普华永道和唯链在我国进行了关于区块链非金融应用的调研，63%的受访高管认为区块链最有可能为物流行业创造价值，在所有行业中占比最高。

2019年，中国物流与采购联合会发布的《中国物流与供应链产业区块链应用白皮书》显示，物流与供应链在产业区块链场景分布中的占比最高，达到34%。这些数据都在一定程度上支持了以上判断。

在此向好趋势下，国内外的一些"区块链+物流"联盟也开始兴起。2016年，中国物流与采购联合会和多家区块链技术企业、物流企业及金融企业联合成立"中国物流与采购联合会区块链应用分会"，致力于推广区块链技术在物流领域中的应用，开展区块链技术与业务培训，研究与设计区块链技术物流应用标准，助力物流供应链产业的转型发展。

2017年，全球区块链货运联盟（BiTA）正式成立，其成员包括联邦快递、UPS、Penske、GE运输、SAP、Salesforce、京东物流等近500家企业，是目前全球最大的区块链商业联盟。BiTA旨在整合货运及物流行业各方，共同推动区块链在货运行业的应用，开发货运行业的区块链标准，从而提高货运流程的透明度及效率。

2018年，京东物流主导成立了国内首个物流+区块链技术应用联盟，该联盟旨在搭建国内外区块链技术互动平台，联合政府部门和相关机构共同推动建立区块链在物流行业统一的应用技术标准，助力区块链技术在物流行业创新发展。

2020年，包括中远海运集运、中远海运港口、青岛港集团、上海国际港务集团等在内的9家全球领先的航运公司和码头运营商拟成立基于区块链的全球航运业务网络（GSBN），这也是航运业的首个区块链联盟，旨在携手包括海运承运人、码头运营商、海关、发货人及物流服务供应商等在内的利益相关方建立行业数字化基准，驱动协同创新和数字化转型。

从总体上看，这些非营利联盟组织在培育区块链应用市场、帮助物流相关主体形成共识、建立特定物流环节的区块链应用标准等多个方面发挥了积极作用，是促进“区块链+物流”落地的重要抓手。

二、“区块链+物流”的应用案例

（一）“区块链+物流”过程追溯

新冠疫情之下，虽然我国基本阻断了病毒在本土的传播，但自境外输入的冷链食品中检查出新冠病毒的事件频发，给防疫工作带来了新的挑战。在此背景下，湖北省基于蚂蚁链和阿里云开发上线了“鄂冷链”冷链食品追溯系统。

1.“鄂冷链”追溯系统

对于所有以武汉为第一入境地或第一储存地的进口冷链食品，收货方必须将产品的入境货物检验检疫证明、海关进口货物报关证明、冷链食品消毒证明以及新冠病毒核酸检测报告等“三证明一报告”，连同发货方、运输车辆及人员等追溯信息录入“鄂冷链”平台进行赋码，获得唯一的区块链“身份证”后，才能正常在湖北入库。进口冷链食品生产经营者必须在验码并及时完善冷链运输车辆、人员、存放地等信息后，才能将冷链食品出库。

另外，在冷链食品到达各终端零售点的物流过程中，每完成一段运输，交接双方都需要经过验码和赋码（在区块中写入新的货、库、车、人等信息）后才能开始下一段运输。“鄂冷链”同时实现了与湖北健康码的对接，对参与运输的物流从业者的健康情况进行交叉验证。为了方便各环节的参与方进行操作，“鄂冷链”还开发了多样化的交互界面，相关从业人员可以通过PC端或手机上的小程序，便捷进行冷链食品的赋码、扫码出入库、溯源码管理等工作。而消费者在挑选这些食品时，只需要通过手机微信或支付宝扫描食品包装上的条形码或二维码，就可以快速查询到上述“三证明一报告”，以及货物在仓储、运输过程中每个节点的相关信息，实现放心购买。

截至2020年12月31日，武汉市已经全面完成存量进口冷链食品的赋码工作。2021年1月1日起，“鄂冷链”在武汉市全面应用，其不仅实现了进口冷链食品的轻松追溯，也帮助当地主管部门更准确、实时地掌握冷库备案、冷链主体、冷链食品流入流出、不同类型冷链产销情况等经营信息。

2. 区块链与全球共享集装箱平台

集装箱是全球海运中的重要运输载体。据上海国际航运研究中心发布的《全球港口发展报告（2019）》，仅在2019年，全球集装箱港口吞吐量就已经达到8亿个标准集装箱（TEU）。然而在传统模式下，为了控制集装箱的流向，轮船公司通常规定发货人只能使用自己的集装箱，即“箱船不分离”，不同海运企业之间的集装箱流转信息不互通。在市场的波动下，会有大量的空箱跟随舱位进行无效转移。为了提高集装箱的利用率，曾经有一些小型船公司尝试建立集装箱的共享联盟，但由于共享后无法实现很好的跟踪和管理，几年后便宣告失败。

在此背景下，丹麦企业发起了全球共享集装箱平台（Global Shared Container Platform，GSCP），尝试通过区块链与物联网的结合来解决集装箱在全球海运中无法充分共享的痛点。

GSCP的核心思想是建立开放的公有链，利用区块链的共识机制对全球超过2700万个集装箱进行确权，再利用区块链的可追溯特性来真实记录集装箱在不同主体间的流转状况，以及借助物联网定位技术实现对集装箱实时状态的查询。在保障箱主方与用箱方的权益方面，基于区块链的智能合约发挥了关键作用。GSCP将用箱条件、规则、触发合约执行的情景、特定情景下的触发规则等信息写入模板化的智能合约。在箱主方、用箱方分别写入关键参数（如箱主方能够接受的用箱条件，用箱方期望的时间、地点、所装货物、承运人、费用等）后，智能合约便能自动匹配供应与需求，并控制集装箱使用权的转移、冻结用箱方的相关费用。用箱方可在用箱结束后上传集装箱状态数据，结束用箱流程，智能合约将自动结束其集装箱使用权，同时将冻结的用箱费转移至箱主方的账户中。当出现箱损时，也可以根据箱损发生时间与地点、箱损状况以及智能合约中的条款，自动判定赔偿金，避免产生纠纷。

其发起人彼得·路德维希森（Peter Ludvigsen，马士基航运前首席信息官）表示，每家船公司可以根据业务情况来动态调整与其他船公司共享的集装箱数量，以及相应的用箱条件。随着海运企业对GSCP的信任度增强，它们也许会将自用集装箱的数量控制在最小范围，并将更多集装箱放在GSCP的共享资源池内，以便随用随取，不用再担心空箱回程这类问题。航运界估计，GSCP 如果被业内广泛采用，那么每年可为全球集装箱航运市场节约 57 亿美元，同时可为全球减少约 460 万吨的二氧化碳排放。

“鄂冷链”和 GSCP 的共同点在于利用区块链来填补原有物流运输过程中的关键数据断点，形成可完整追溯且无法篡改的数据链。这两个案例的场景都属于物流追溯的难点：由于参与方众多且缺少核心领导者，传统的中心化追溯很容易引发纠纷，因而难以执行下去。区块链的引入使数据真正实现“可见即可信”，追溯难题也就迎刃而解。由此，我们得到的另一个启发是：在物流数字化大趋势下，对于那些尚未数字化的物流要素（如上述案例中的集装箱），区块链也是一个促成其数字化的抓手。当然，这需要区块链与其他数字化技术的结合（如上述案例中的物联网定位技术），有易用的区块链平台、服务提供者，以及上下游企业的协同意愿。

（二）“区块链 + 物流”流程改进

1. 中远海运集装箱运输有限公司的区块链电子提货单

进口提货是一个涉及收货人、船运公司 / 船运代理、海关、港口等多个参与方的作业流程。简单来说，收货人在收到港口发来的到货通知后，需要持海运提单等文件先去船运公司换取提货单，然后将提货单和其他必要单据一起向海关申报，海关查验货物后在提货单上加盖放行章，收货人再拿着盖了放行章的提货单和其他必要单据到港口办公室取得提货单证，凭提货单证到仓库提货。也就是说，收货人需要跑多个业务窗口，经历单据的多次流转，才能完成一次进口提货。

在此背景下，中远海运集装箱运输有限公司（以下简称中远海运集运）于 2019 年开始推行基于区块链的电子提货单（EDO）模式，希望能为收货人简化上述流程。

通过构建联盟链，中远海运集运实现了关键业务窗口之间的数据互联互通和流程协作互信。收货人一次性申请好电子提货单后，该提货单即可通过区块链签发和流转，完成贯穿船运公司和港口的操作流程。收货人完成报关后即可委托车队前往码头提货。整个操作流程可视、时间可控、风险可防，收货人几乎足不出户，便能在网上一键完成所有操作，极大地节省了排队等候和往返奔波的时间与经济成本。

自 2019 年 11 月项目启动以来，中远海运集运已经在上海、厦门、青岛、宁波、广州等多个口岸推动基于区块链的电子提货单应用，为进口客户提供无纸化提货的便捷服务。以青岛港为例，截至 2020 年 6 月，中远海运集运已在青岛口岸完成了近 500 个集装箱的电子提货单进口放货操作，平均每个集装箱为客户节省提货时间近 24 小时。特别是在新冠疫情防控期间，电子提货单模式下无接触办理业务的特点也为各方兼顾防疫工作和业务运行提供了便利。

除提货单之外，中远海运集运也在探索如何让更多物流单据在区块链上实现流转。2020 年 12 月 2 日，中远海运集运正式发布了与中国银行等合作伙伴携手打造的“航运提单 + 贸易单证区块链”平台。该平台致力于连接国际海运中的更多参与主体，实现“提单 + 贸易单证”的完整上链，为国际贸易提供可信任的数字基础。

2. 基于区块链的全球海运贸易数字化平台

当我们把目光从进口提货投向国际海运中的更多环节时，会发现类似中远海运集运区块链电子提货单中“收货人对船运公司、收货人对海关、收货人对港口”这种点对点的沟通方式随处可见。马士基航运推测，仅从肯尼亚运一个集装箱的鲜花到鹿特丹港，就需要经过将近 200 次的点对点沟通（以及委托书、海运提单、提货单、商业发票、装箱单、集装箱交接单、保险单、许可证、相关证明文件等各类单据的流转），涉及陆运承运方、货代、海关、港口、海运承运方等多个松散耦合的参与方，导致信息处理成本达到实际运输成本的两倍以上。

在此背景下，2017 年，马士基与 IBM 合作开发了基于区块链的全球海运贸易数字化平台。该平台致力于推动海运生态系统中的各个参与方加入区块链的分布式共享网络，将传统的点对点沟通变成链上的“广播”与文件工作流。通过设置公钥与私钥，链上的不同节点既可以看到全链公开的信息（如查看当前流程走到了哪一步、货物的实时位置等，以及海关文件、提货单等公开单据），也可以浏览自己权限内的特定业务单据，并通过在线方式完成对这些单据的处理。未经网络中其他成员的同意，任何参与方都无法私自添加、删除、修改任何记录。

IBM 公开了通过区块链助力将鲜花从肯尼亚运到鹿特丹港的一个例子。链上的参与主体包括鲜花种植者、出口有关部门、港口、海关和进口商等，仅从肯尼亚蒙巴萨港出口这一步，就需要 3 个不同机构的签字批准，以及 6 份文件来描述鲜花原产地、化学处理、所采购的品质、关税等内容——这些手续在过去需要发货人跑不同的业务窗口才能完成。而在区块链上，发货人将原始单据可视化并发起工作流后，智能合约会启动预设好的 3 个机构之间的审批工作流程，每一个机构签署后，状态（以及生成的电子单据）都会同步更新给其他节点，辅助后者的业务决策。比如，蒙巴萨港即时收到海关部门的批准信息后，就可以提前准备集装箱；仓库、陆运公司等也可以准备货物的出库和运送。

类似地，在整个海运过程中，与货物和单据有关的状态更新都会共享给链上的节点，例如哪份文件、在什么时间、由谁提交，鲜花的实时位置、目前的保管者，以及之后的航程安排等。目前，全球海运贸易数字化平台正在有计划地整合所选定贸易航线上的海关节点，在数以百万计的集装箱航次中实现贸易工作流的数字化和端到端追踪。IBM 预计，这项创新将帮助全球海运供应链每年节省数十亿美元的支出，同时也将显著缩短货物在运输过程中所花费的时间。

中远海运集运和 IBM 案例的共同点在于利用区块链来改进物流环节中一些传统、相对低效的信息和单据流转方式。与“鄂冷链”和“全球共享集装箱平台”案例相比，它们的区别在于关注的是物流中的作业流程，而非物流要素。从中远海运集运和 IBM 的案例中，我们得到的启发是：区块链不仅能够帮助填补数据断点，而且是一个提高流程效率的利器。其技术架构可以帮助实现很多流程的“并发式处理”和信息的“广播式传递”，并通过公钥、私钥与智能合约来让特定的主体掌握和处理特定的文件，实现对隐私保护的兼顾。这对于长流程的细分物流领域而言尤其有价值，物流链条上的相关主体都可以借此精简作业流程，最终使客户获得更好的体验。

（三）“区块链 + 物流”决策优化

在智慧物流时代，京东物流、顺丰、菜鸟网络等领先的物流企业都在运用各类智能模型和算法来逐步替代传统的经验判断，在物流运作的各个环节中作出更科学、更合理的决策，从而降本增效、提高竞争力。然而，众多中小物流企业并不具备这样的技术能力，也就难以从中受益。以公路物流为例，大量中小型物流车队不知道每天去哪里接活、走哪些线路是最有经济效益的，只能靠经验和过去的客户资源来找活干。虽然物流运力交易平台的出现改善了这一情况，但大多数平台的撮合逻辑是一对一的，即发货方的每个运输任务都只能由一个相对最合适的承运方完成，不考虑由多个承运方以多段运输的方式完成。作为承运方，所匹配到的运输任务对自己也不一定是最优的。

在此背景下，新加坡的一家初创公司 Yojee 开发了基于区块链的物流车队智能调度系统，致力于通过区块链与人工智能技术的结合来解决上述中小型物流车队面对的痛点。

与传统物流运力交易平台不同的是，区块链帮助 Yojee 将诸多小型物流车队捆绑成一个虚拟的“整体”，利用智能调度模型和算法为其分配接序式的多段运输任务，从而最大限度地利用其能力。通过设置公私钥，Yojee 平台上的物流车队在相互合作的同时，也可以保证各自的隐私、线路与客户信息不会被他人知晓——这是协同合作得以实现的关键基础。而与此同时，货物运输全过程的信息是链上公开的，包括发货人在内的各方可以随时查询与验证，并且无须担心有某个物流车队篡改信息。智能合约的使用也保证了自动化的订单处理、单据流转与交付服务，同时各方的权责明确，可避免纠纷。Yojee 没有透露在人工智能技术方面的更多细节，但根据一般性技术原理可以推测，Yojee 能够将每个物流车队输入的经营基本信息、运力基本信息，可接受的时间范围、地点范围、价格范围，以及发货人输入的货物基本信息、期望的取货和送达的时间地点、对运力资质的要求、运价等数据输入智能调度模型，由模型根据特定的目标（如兼顾时间与运价）将运输任务整体分配给某个物流车队，或拆分给某几个物流车队。与只能一对一匹配相比，该模型有更多的选择权来达成最优。

目前，Yojee 的运营范围包括新加坡、澳大利亚、印度尼西亚、马来西亚、越南和柬埔寨，为东南亚地区大约 70 个电子商务企业网站提供上述基于物流车队协同运作的物流交付服务。其联合创始人兼首席执行官埃德·克拉克（Ed Clarke）表示:“我们能够让物品在同一天或隔天就到达客户手中，不需要再在路途中耗费两三天的时间。”

新加坡 Yojee 平台的案例让我们看到了区块链在智能物流时代的更多应用可能性。通过按单配置零散的运力来开展多段运输，这是一种典型的由数据驱动的协同创新模式。虽然智能模型和算法能够解决这类问题，但由于多个参与方场景下在流程协调、隐私保护、权责界定等方面存在的困难，实际的应用还不多。而区块链的应用能够从底层克服这些障碍，是促成此类创新落地的关键一环。展望未来，区块链或将在促进基于数据的决策优化，特别是让众多中小企业享受到智慧物流的便利方面迎来更多机会。例如，在“双循环”物流大通道建设的大好机遇下，第四方物流等物流活动的组织者可以探索基于“人工智能 + 区块链”的组合，开发并促成多执行方协同运作的多式联运优化方案、协同仓储优化方案等落地，利用区块链的特性降低中小企业（零散物流要素）的进入壁垒，建立更灵活、更精益且更可靠的智慧物流生态圈。

第四节　区块链技术在供应链金融中的应用

供应链金融创新了传统信贷商业模式基于企业的财务实力、还款来源和抵押担保条件的服务视角，将服务与风险控制的焦点定位在企业所处的供应链整体。

一、供应链金融的概念及业务模式

供应链金融是针对供应链上不同企业的综合性金融服务方案，目的是帮助供应链上的企业提高资产的利用率和运作效率。在实际工作中，供应链金融服务提供者往往通过对供应链及参与企业的整体评价开展综合授信，并通过评估和控制交易的自偿性、上下游关系的深度以及供应链中的信息和流程来管理风险。供应链金融突破了传统信贷，后者的典型模式是评估单个企业自身的财务实力、还款来源和抵押担保条件，在确保还款来源的前提下给予授信支持；而供应链金融将服务与风控的焦点定位在企业所处的供应链整体上，在权衡供应链整体的竞争力、交易的稳定性与盈利性、交易闭环的可控性的基础上作出信贷决策。正是得益于供应链金融这种创新的风险控制理念，大量中小型企业可以通过其与供应链上下游交易伙伴长期、稳定、盈利、可知、可控的交易在金融服务提供者的评级体系中获得合理的等级评定，能以更低门槛、更低成本、更便捷地获得供应链金融服务，突破性地解决传统融资服务模式下中小企业融资难、融资贵的问题。

如图 5-4 所示，供应链融资有三大基本业务模式：预付类融资、存货类融资和应收类融资。三大业务模式旨在解决供应链交易不同环节中的资金短缺问题。预付类融资一般在买方向卖方下采购订单时开展，授信资金往往被要求定向地支持卖方为完成订单所需的原材料采购、生产等活动。存货类融资以货物为质押标的而展开，故发生在卖方实现订单货物生产，且货物入库之后。存货类融资往往以货物的价值和货物实际所有者的提货意愿作为风控的基础，为货物的实际所有者提供流动性支持。随着交易的继续进行，第三个资金缺口来自卖方交货之后，在买方确认了应收账款的情况下，持有商业票据的卖方可以向资金提供者申请应收类融资。应收类融资基于交易已经实现的事实，资金提供者通过判断买方的支付能力和意愿给卖方提供资金。

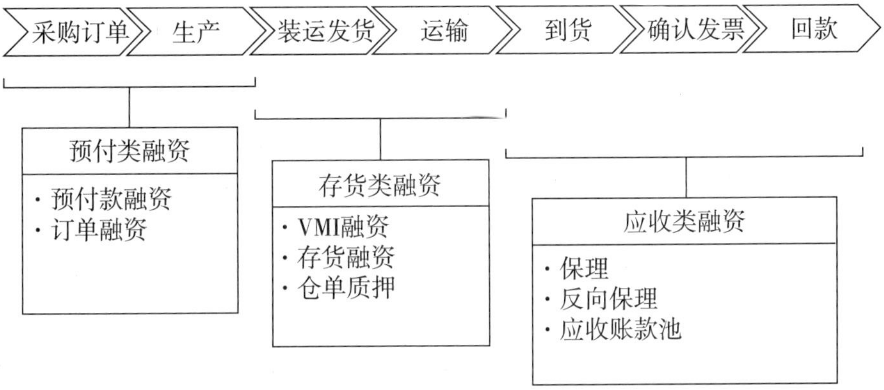

图 5-4　供应链融资的业务模式

在当前的供应链运营模式下，处于强势地位的核心企业往往会通过延长对上游中小型供应商的付款天数或要求下游中小型经销商、客户企业预付货款的方式来降低自身的财务成本，将资金压力转移给供应链上下游的中小企业，导致供应链中处于弱势地位的中小企业面临严重的资金短缺问题。

如图 5-5 所示，以中小型制造商为例，制造商在采购阶段初期支出资金，在销售阶段后期收回资金，资金的支出和收入发生在不同的时刻，导致了制造商在运营过程中容易出现资金周转困难的局面。在采购阶段，初期预付货款的时间点越提前、金额越大，原本流动资金就不足的制造商产生的资金缺口越大。此时，制造商往往需要申请预付类融资，借助预付类供应链融资服务使得“支出”的时间点尽量向后延迟，缓解资金压力，维持正常的原材料供应。制造商的应收账款周期越长、金额越大，在生产运营过程中所面临的资金约束越大。此时，制造商往往需要申请应收类融资，借助应收类供应链融资服务使得“收入”的时间点尽量提前，保证生产运营的稳定持续。当然，如果制造商处于生产周期长的行业，各种类型的存货（如原材料、半成品、产成品等）占流动资产的比例很高，制造商往往需要申请存货类融资，借助存货类供应链融资服务释放被存货占用的流动资金，规避资金缺口的出现。

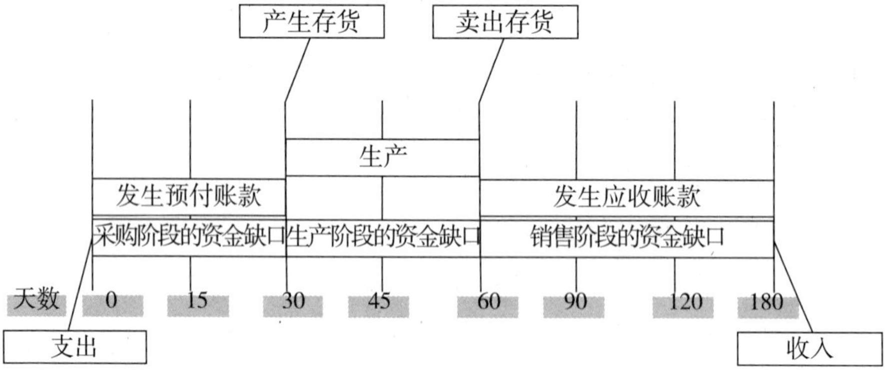

图 5-5　供应链中小制造商资金缺口产生示例

由此可见，供应链融资服务主要“面向中小企业的供应链交易资金需求”，其融资基础是供应链中小企业在生产运营中所产生的各种形式的流动资产（如预付账款、存货、应收账款），并以企业交易行为所产生的确定未来现金流为直接还款来源。

二、“区块链 + 供应链金融”的业务模式创新

供应链金融着眼于供应链上的中小企业，不仅扮演着企业金融服务、管理提升方案的服务商的角色，更是整个供应链金融生态的优化者。当数字经济成为

风口，供应链金融需要根据财务协同经营的思路，使用工业互联数据采集终端革新企业 EPR 系统，并利用专业的流程化工业算法模型，实现财务数据与业务数据钩稽关系的构建和生产、经营、交易、融资的多方面风险管控。区块链技术的关键，在于重构了供应链金融的应收账款链平台，保证了数据和交易的不可篡改性，同时利用智能合约防范违约风险。另外，还能给第三方金融机构（如商业银行、财务公司、投资银行）标准化输出动态额度模型及策略，隔离业务风险，解决中小企业融资难的问题。

区块链技术带给供应链的革新在于从“抵押贷”到“信用贷”的转变，用数据为链上企业构建信用、降低融资成本的同时，为金融机构提供了贷前、贷中、贷后的风险控制解决方案。

（一）构建业财一体化系统，实现可信实时风险控制

区块链提供的供应链金融管理服务建立在对沉淀数据分析挖掘的基础上，将业务、财务要素协同植入业务流程数据、构建财务数据与业务数据的钩稽关系，这是其系统的核心功能与创新点所在。首先，多维的业务数据可以佐证财务数据的真实性，通过系统可以随时进行回溯检测；更精细的数据颗粒可以多层次分解财务要素，挖掘财务数据的纵深，生成融资申请时的“硬数据”，财务协同经营即可增加企业的授信能力；标准化输出动态额度模型以及精准策略引擎，隔离业务风险，避免现有的过度授信模式，从而解决融资难问题。其次，通过接入自建的工业管理系统以及金融服务平台，整合企业信息与供应链相关资源，可极大改善工业供应链的效率与生态。

利用区块链底层技术和算法模型库，可以实现财务数据和业务信息的严密钩稽。现金流量表与资产负债表之间的钩稽关系往往难以理齐，监督现金流量表成为大小企业的财务难点。面对种种未平的账单，企业甚至会根据资产负债表和利润表“配平”现金流量表。而现金流量表又是金融机构衡量企业金融活力、判断企业是不是优质的投资标的的第一张表。

业财一体化系统可以同时自动生成企业的财务报表和业务报告，从技术上实现实时化、在线化的管理需求：数据层层钩稽、同步产生、实时产生、完全一

致；数据链形成闭环，能够满足企业精细化管理和多维度业务需求；数据颗粒度细，对构成企业毛利率的要素进行多层次分解，最高可达9层，可以助力企业提高管理水平和企业绩效。同时，业财一体化系统使财务数据的回溯验证成为可能。针对表现提升的财务项目，可回到业务场景展开分析与验证，汲取优质生产经营经验；针对不符合常态水平的情况，可追根溯源找到问题根基所在，从而能在计划上、管理上、人事上、流程上进行调整，以优化生产。

另外，区块链对中小企业的优化管理功能还体现在系统的实时风险控制功能上。基于对设备、库存、能耗、单耗等数据的监控，形成生产经营环节的监控全景，包括对产量、库存、产销平衡的监控，从而应用到智能辅助决策。在产线、仓库、物流等场景中，如有刻画的数值超过设定值，系统就会报警，工人及领导层可以及时处理，在造成损失前消灭风险。

一方面，区块链可以将庞杂繁复的多源头数据，整合处理成对企业经营情况全貌的反映。实现这一功能需要分类算法、聚类算法、时序分析、关联分析、决策树等大数据通用算法，还需要构建流程制造领域专业的基本算法模型库。基于统计分析、深度学习等技术的支撑和应用，设计流程制造业大数据的分析和关联方法，提高数据分析结果的可信度。用可视化技术和工具进行多维分析、数据钻取与溯源和推理演绎，可视化展现分析结果。

另一方面，基于系统的标准化数据引擎，可在关系数据库中控制不同接入口的访问权限。通过权限设置，对不同岗位角色和相同岗位角色的不同管理层次进行权限分配，把整个企业的管理模式融入其中，基于使用者不同的角色、不同的诉求、不同的难点与痛点分别给予相应功能的支持与赋能。

在区块链 + 供应链金融生态内，数据科学赋能下的业财一体化系统可以通过建立财务数据与业务数据的钩稽关系，检查偏差程度和波动率，妥善解决现金流量表的“记录难”问题，提供给投资方真实可信、有根有据的财务报表，也可以将之作为企业向银行申请贷款时的“硬数据”。

（二）区块链赋能多渠道融资

区块链金融服务功能还包括自建的金融服务平台，旨在促进供应链上下游企业间通过信用凭证的短期赊销，向更广范围内的票据融资转化。由于大多数企业预期营业规模与现有资金规模不匹配，必须借助商业银行完成融资，但诸多风险测评关键因素，如与核心企业配合程度、存货价值的估计与生产过程监控、供应链信息等的不清晰，会导致信息不对称，使得投资方不能准确评估风险情况，最终导致融资成本的增加。由此，金融服务平台可通过提供详尽的风险评估信息，以及多种融资模式，解决中小企业融资难问题。

以深圳市融信链科技平台为例，该平台通过多维度数据挖掘实现供应链上企业风险测评的准确化、标准化，并以此发行标准形式的信用凭证。企业通过信用凭证接入平台，根据自身财务情况及具体业务内容发布不同形式的融资计划。对于风险厌恶的投资方，也可以通过购买服务，获得进入供应链金融服务平台的许可。意向投资方则可通过浏览各企业的业务财务信息，以及汇总的生产运行情况信息，进行贷前风险评估，选择合适企业进行投资，区块链上还会记录完备的贷后跟进服务。

投资方接入企业系统后，可以随时、同时、实时查看企业运营情况，监督工厂生产全貌。因此，区块链可实现助力链内企业增加授信的作用，并能够贯穿贷前评估、贷后跟进的全过程。最后，放贷、借贷的对手方均需缴纳保证金，进一步降低双方的融资风险。

具体的融资方式则可根据企业自身情况及金融机构计划自行上线，如企业可根据信用凭证额度、业务内容发行债券，也可将其多个业务进行打包，或牵头上下游企业发行联合债券，其票据可在平台自由转让。

企业或金融机构可自行发行信用违约互换以对冲风险，实现供应链企业的风险去中心化及信用共识机制。

此外，相关信息也会同时向供应链上各企业的投资方和意向投资方共享。真实、可信的生产运行数据，与业财一体化产生的真实财务数据相结合，即能够客观、准确地反映企业经营状态。由此，银行、社会投资机构等投资方，则能够对获得资金支持的企业进行有效的贷后风险监控，有效监督资金使用状况和效率，一定程度上避免呆账、坏账的发生。最终，供应链金融将形成物流、资金流、信息流的三网信息全面感知与规范集成综合分析体，每个业务项目都能将信息流传递给用户及投资方，随后回收资金流，并建立起物流，形成跑通的商业闭环。

三、供应链金融面临的挑战

在如今企业纷纷实施服务创新和业务转型升级的大背景下，供应链管理信息化和风险控制技术的滞后制约了供应链金融的有效开展。从产业价值链整合的角度来看，传统制造业产供销集成管理是理顺订单驱动的商流、物流、信息流及工作流的集成与协同，但金融活动的协同是此前欠考虑的。而作为商品流的价值实现，支付结算、融资及相应的信贷管控是供应链流程管理不可或缺的一部分。

综合而言，供应链金融面临的挑战集中在以下几点。

（一）供应链各方对信息安全的管理能力有限

信息安全包含信息完整性、保密性以及可用性等。在网络环境中，信息往往会面临不同类型的安全威胁。例如，没有登录权限的用户可能通过输入账号等信息的方式冒充原有的用户进行操作，并窃取系统中的信息；数据在传输过程中被非法截取并被恶意篡改；系统认定和识别的通信方在事后不承认数据的真实性等。这些可能的安全威胁会相互作用，并最终使得特定应用场景中信息的利用价值大大下降。

针对互联网时代的信息安全和信息保密问题，我国相关部门已经出台了多项法律法规来进行约束和管理。例如，2012 年底，全国人民代表大会常务委员会通过《关于加强网络信息保护的决定》，从法律层面明确了互联网时代个人信息保护的概念范畴、规范主体、责任主体、实名注册、公民权利、行政主体、侵权责任等。2013 年，工业和信息化部出台《电信和互联网用户个人信息保护规定》，对信息的范围、收集和使用规则、安全保障措施、监督检查、法律责任等进行了一系列的规定。2017 年 6 月，《中华人民共和国网络安全法》施行；2021 年 9 月，《中华人民共和国数据安全法》公布；2021 年 11 月，《中华人民共和国个人信息保护法》施行。

对于供应链金融而言，物联网和大数据技术的广泛应用让供应链当中的物流与信息流相互联系，实现高度智能化、便捷化、定制化，并催生智慧金融。供应链金融的组织者可以从更多的来源获取供应链信息，不再完全依赖于借款企业提供的信息。信息数据驱动已经是不可逆转的发展趋势。以物联网的应用为例，它使得原本由人驱动的信息流转方式变成由人和物同时驱动。供应链金融信贷资金注入供应链所产生的每一阶段的供应链要素变化都能够被不同的监控仪器采集并用于风险评估。这项技术进步会带来海量数据，也会给数据在流转过程中的安全和保密工作带来更大的挑战。

事实上，供应链金融中的数据和信息安全管理规则与传统互联网数据安全管理规则不尽相同。数据需要对不同的企业有不同的开放范围，这样才能在保证参与主体信息安全的同时最大化信息流的利用价值。数据分享需要有明确的保护机制、保护范围和保护边界，如运营和交易过程中的哪些数据记录可以作为公开资料或者经授权可以公开、数据的合法使用者权限和使用期限应该如何制定等。如果对前述问题没有清晰的规则和界定，就可能会产生信息安全和保密方面的问题或纠纷，甚至引发系统性、社会性的风险。

目前，我国在互联网信息的安全和保密方面已建立了较为完备的法律制度，但多组织协同的商业模式中的信息安全和保密制度却比较分散，甚至缺失。基于供应链金融的特性和发展的趋势，信息的安全性以及保密性方面的问题是必须重点解决的。

（二）数据信息使用过程中的真实性无法验证

供应链活动会产生大量的信息数据，再由服务组织者建立起一个不同于传统的信用体系。银行依赖信息采集和共享等途径获得的数据信息可作为进行风险控制的决策依据或参考。但因为目前信息化技术的运用与供应链金融领域的法律制度相脱节，信息在储存和流转过程中的真实性难以保证，银行若是依赖技术手段采集数据，并以此作为决策依据所产生的纠纷无法得到法律保护，则存在一定的不确定性。

现行的《中华人民共和国民事诉讼法》规定，有效的证据包括电子数据。电子数据证据具有高技术性、精确性的特点，相较于书证、证言等在存储、传输过程中发生错误的概率较小。但电子数据证据存在致命的缺陷，即易篡改、易复制、易破坏及易丢失。在实际中，我们也看到供应链商流中会出现虚假的交易数据、电子合同和电子证据，并已经对组织者造成了严重的损失。

物流信息方面，物联网技术的运用使得供应链金融组织者能够进行高效的物流跟踪，但是在使用采集到的传感器数据进行信贷决策前必须高度关注这些数据的真实性问题。如果没有多组织间数据的整合和相互印证，信息数据就可能存在被篡改的风险。一旦业务执行过程中发生争议或纠纷，可能会出现范围更广、更为复杂的法律和监管问题。

（三）合同履行行为的不确定性

合同的履行是指合同的当事人按照合同约定的标的及其质量、数量，合同约定的履行期限、履行地点、适当的履行方式，全面完成合同义务。在供应链金融中，不同的供应链相关方能否按照既定的规则履行自身的义务是供应链金融组织者在评估风险时需要考虑的重要因素。

以应收类融资模式为例，下游零售商作为账款的债务人如果没有按照合同要求按时、按量支付采购货款，贷款就会有逾期的风险。在没有下游零售商提供支付保证的前提下，融资活动发生在上游供应商和出资方之间，出资方将直接要求供应商清偿逾期贷款，从而给供应商造成更大的现金流压力。

合同履行中的类似不确定性会带来一系列连锁反应，并影响供应链金融业务的顺利开展。尤其是在民营企业较多的产业中，我们依然可以看到诸如法律意识淡薄、履约原则不规范、企业管理人员素质不高、标准化管理缺乏等带来的合同管理问题。这些问题降低了交易各方的履约能力并长期困扰着行业的发展。

（四）核心企业参与供应链金融活动的动力不足

随着传统行业中的企业进一步涉足供应链金融领域，企业对外部组织资源和社会资源等方面的依赖性越来越高。与企业内部组织条件不同的是，外部组织受到更多因素的影响，包括行业监管、多方信息化共享、数据信息管控等。面对着如此多不可控的影响因素，核心企业参与供应链金融活动的收益依然没有一个合理的衡量标准。在多数情况下，核心企业与银行合作组织供应链金融的主要动因往往是政策刺激或企业管理层的经营理念，而非提升经济效益。特别是在大多数新兴经济体中，核心企业往往将其供应商和经销商作为自身资金流管理和流动性压力缓释的工具，供应链资金流管理的理念依然没有被广泛接受。

对于制造型企业来说，将生产、经营流程与金融服务相结合能够有效地提高其供应链内资金运转的效率，加速闭环的形成。供应链金融服务对供应链上下游的中小企业集群解决其短期的资金短缺问题的重要性更是凸显。传统的供应链金融往往以银行为核心组织者，而在供应链金融不断发展的今天，产业链内的一些重要参与方（如核心企业、物流企业、交易平台等）均可以利用其在产业中的上下游关系、物流信息、交易信息等优势资源使自身成为供应链金融组织者。与银行或其他金融机构作为组织者的供应链金融相比，首先，供应链上的参与方对自身所处行业更加了解，对商流、资金流和信息流的控制力更强，以其作为组织者的供应链金融在供应链交易活动中的控制力更强。其次，因核心企业在产业中跨供应链的影响力，其组织供应链金融所形成的供应链流程整合和信息化能力与银行相比能够更为显著地提升产业整体效率。

故而，一个能够直接使各方受益，特别是激励核心企业积极参与供应链金融活动的服务协同模式，将能够促使整个产业综合能力的跃升。

四、区块链技术在供应链金融中的应用价值

针对供应链金融面临的上述挑战，区块链技术在供应链金融中的应用价值主要体现在以下三大方面。

（一）信息治理能力的提升

如前所述，供应链金融对信息安全管理以及数据信息真实性验证都提出了新的挑战。供应链金融的一般场景既涉及核心企业、核心企业的上下游等多种主体，又涉及企业间的合同、交易、资金流等多个环节，如何组织、记录、传输这些信息会直接影响供应链金融业务及风险控制的开展。

传统的信息治理依赖于各企业的企业资源计划（ERP）系统，一般基于传统

的集中式数据库与加密技术。各个主体都将自己的业务、财务数据集中储存在自己的数据库中，在需要和其他主体交换数据时再将数据传输给对方。如果数据的应用范围仅限于数据所有者本身，那么这种方式还是比较有效的。但是，如果数据要在不同的主体间共同使用，这种方式就具有几个潜在的风险。第一，数据的录入、管理均是由各个不同的主体独立完成，每一方都对自己数据库中的数据拥有控制权，外界无法在技术上监督、干预数据的录入和管理过程。第二，不同主体间的数据储存是孤立的，必须通过额外的比对验证过程才能保证储存数据的一致性，而且这个验证的过程往往严重滞后于数据产生的时间。第三,一旦加密被破译或密码被有不良企图的人获得，数据就完全暴露在风险之下。在跨主体场景下，这些传统信息治理问题也为在现实中开展供应链金融业务带来了困扰，诸如银行与核心企业之间无法建立信任、贸易背景验真面临挑战等。

区块链技术相对于传统数据信息管理方式的主要优势就体现在跨主体的数据应用上。第一，数据是由链上的各方共同参与管理和维护的，实现了数据在各个主体间的一致性，并且这种一致性没有时滞。第二，数据的录入与更新均会产生记录并在所有的主体间共享，只可新增，不可删除。第三，分布式账本技术使得没有任何一方可以独立控制数据，在储存结构上实现了数据的不可篡改，而不是完全依赖于加密技术。

区块链技术的这些特性在很大程度上降低了传统数据信息管理方式在多方应用场景下的潜在风险，在数据治理层面提高了安全性与管理效率。在此基础上，区块链技术的采用也有利于构建一种有效的多方信息治理机制，让参与信息治理的多个主体对信息的记录、储存、传输达成共识。对于需要依赖核心企业与上下游的交易、资金流转等跨主体信息进行授信的供应链金融而言，区块链技术所构建的这种机制极大地提高了数据的可信度、可用性与时效性，在数据使用层面为组织供应链金融创造了一个风险更低、效率更高的信息环境。

（二）合同履行效率的提升

智能合约是计算机科学家尼克·萨博（Nick Szabo）在 20 世纪 90 年代提出的概念，指的是一套以数字形式定义的承诺，包括合约参与方执行这些承诺的协议。智能合约最大的特点在于，当约定的条件被触发时，智能合约上所规定的条款将被自动执行。然而，在智能合约被提出后的很长时间里，一直缺乏符合要求的技术实施手段，使得它一直停留在理论概念的阶段。区块链的出现使得在技术上实施智能合约成为可能。过程透明可跟踪、分布式记账、共同维护、无法篡改等特性为实施智能合约构建了理想的工作环境。

区块链技术赋能的智能合约能够为供应链金融带来进一步的积极影响。金融业务本身涉及合同的履行，合同的履行本身就具有不确定性，而供应链金融多方参与并建立在原有供需交易基础上的特性又为履行合同增加了不确定性。在使用传统合同的场景下，存在合同参与方主观恶意不履行合同的可能性，这增加了供应链金融贷后风险控制的难度与成本。智能合约的引入使得合同的执行具有强制性与自动性，在条件满足的情况下，任何一方主体都不能擅自拒绝或改变事先约定的责任的履行（比如到期还款）。也就是说，区块链通过智能合约进一步强化了供应链金融所需要的执行环境，降低了风险控制难度。

（三）激励供应链多方企业的参与

共识机制就是保证相关方达成共识的一种算法。共识机制使得系统能够通过算法让各节点按照既定的规则同步数据，这样就算单个节点出错也不会影响全局。作为区块链的核心架构，共识机制的搭建是保障区块链系统长期稳定运行的前提条件。从现有的区块链运用架构来分析，常见的完全去中心化的共识机制主要有工作量证明机制和权益证明机制。

区块链之所以在许多场景下能够持续稳定运行，基于共识机制的激励机制在其中发挥着重要的作用。因为共识机制的存在，每个节点都愿意在区块链的记账过程中贡献自己的资源和能力，并以此获得相应的收益。推广至供应链金融场景，供应链金融组织者若能够基于一套工作机制来组织各相关方对项目所涉及的资金流、信息流和物流进行管理，那么这些相关方的工作和资源投入将能够被证明且记录下来，且可在一定的前提下换取其他的资源。当供应链以一种多方共治、合作共赢的组织形式运转时，不同参与方间的摩擦、冲突和潜在风险都会进一步降低。更多的企业愿意参与到供应链金融业务当中，并在其中扮演重要的角色。那么，供应链金融整体的组织便会更加顺畅。

参考文献

[1] 梁伟，薄胜，刘小欧 . 区块链思维：从互联网到数字新经济的演进 [M]. 北京：机械工业出版社，2020.

[2] 焦芳敏 . 供应链风险管理体系探究 [D]. 泉州：华侨大学，2006.

[3] 金凯，杨睿哲，杨兆鑫 . 区块链在供应链管理上的应用 [J]. 情报工程，2018，4（3）：29–38.

[4] 张奕辉 . 供应链协同管理视角下西部陆海新通道路径选择 [J]. 广西社会科学，2021（7）：66–72.

[5] 李筱筱 . 我国法定数字货币发行的法律问题研究 [D]. 上海：上海师范大学，2020.

[6] 利恩德斯，费伦 . 采购与供应管理 [M]. 北京：机械工业出版社，2001.

[7] 赵先德，唐方方 . 区块链赋能供应链 [M]. 北京：中国人民大学出版社，2022.

[8] 傅莉萍．供应链管理 [M]．北京：清华大学出版社，2016.

[9] 杨建华，王为人．供应链物流管理教程 [M]．北京：清华大学出版社，2016.

[10] 赵林度，王海燕．供应链与物流管理 [M]．北京：科学出版社，2011.

[11] 甘卫华．现代物流基础 [M]．3 版 . 北京：电子工业出版社，2015.

[12] 黄云碧．物流与供应链管理 [M]．北京：电子工业出版社，2015.

[13] 赵春菊．基于供应链管理下的公司采购 [J]．企业技术开发，2016，35（8）.

[14] 卢宁．关于电子商务时代下的供应链管理研究 [J]．商场现代化，2016（7）.

[15] 丁俊发 . 供应链理论前沿 [M]. 北京：中国铁道出版社，2017.

[16] 刘世忠 . 商业模式参谋：实战 · 策略 · 案例 [M].2 版 . 北京：电子工业出版社，2018.

[17] 王常华 . 供应链管理 [M]. 北京：中国传媒大学出版社，2017.

[18] 王桂朵 . 供应链管理 [M]. 北京：中国财富出版社，2016.

[19] 胡奇英 . 供应链管理与商业模式：分析与设计 [M]. 北京：清华大学出版社，2016.

[20] 施先亮 . 智慧物流与现代供应链 [M]. 北京：机械工业出版社，2020.

[21] 张涛 . 绿色供应链构建过程研究 [M]. 北京：中国人民大学出版社，2015.

[22] 岳山寅 . 互联网供应链金融模式研究 [D]. 大连：东北财经大学，2019.

[23] 张薇 . 互联网供应链金融创新模式研究 [D]. 杭州：浙江大学，2017.

[24] 姚刚 . 互联网 + 供应链金融业务优化策略 [D]. 南昌：江西财经大学，2020.

[25] 杨璇，宋华 . 供应链金融、供应链能力与竞争绩效——基于多案例的研究 [J]. 管理案例研究与评论，2017，10（5）：491–507.

[26] 袁勇，王飞跃 . 区块链技术发展现状与展望 [J]. 自动化学报，2016，42（4）：481–494.

[27] 梅海涛，刘洁 . 区块链的产业现状、存在问题和政策建议 [J]. 电信科学，2016，32（11）：134–138.